fragen – suchen – entdecken 1|2

Religion in der Grundschule

Herausgegeben von
Dr. Barbara Ort und Ludwig Rendle
unter Mitarbeit von Rainer Oberthür

Illustriert von Silke Reimers

Erarbeitet von
Ulrike Eurich, Anita Hofbauer,
Ludwig Sauter und Andrea Wirth

Unter Rückgriff auf die Erstausgabe,
herausgegeben von Dr. Barbara Ort
und Ludwig Rendle,
mit Beratung von Prof. Dr. Lothar Kuld,
erarbeitet von Konrad Bürgermeister,
Margot Eder, Doris Friemel, Paul Hartl,
Ulla Heitmeier, Anita Hofbauer,
Walter Liehmann und Andrea Wirth

Kösel Schulbuch | Klett

fragen – suchen – entdecken 1|2
Religion in der Grundschule. Neuausgabe

Herausgegeben von
Dr. Barbara Ort und Ludwig Rendle
unter Mitarbeit von Rainer Oberthür

Zugelassen als Lehrbuch für den katholischen Religionsunterricht an Grundschulen durch die Diözesanbischöfe von Augsburg, Bamberg, Eichstätt, München und Freising, Passau, Regensburg und Würzburg.

Notensatz: Michael Koch, Krefeld
Umschlag: Kaselow Design, München, unter Verwendung von Illustrationen von Silke Reimers, Mainz
Typografie und Herstellung: René Fink, München

www.cornelsen.de / www.oldenbourg.de
www.klett.de

1. Auflage, 2. Druck 2016

Alle Drucke dieser Auflage sind inhaltlich unverändert und können im Unterricht nebeneinander verwendet werden.

Druck: Firmengruppe APPL, aprinta Druck, Wemding

ISBN 978-3-06-065400-0 (Cornelsen Schulverlage)
ISBN 978-3-12-006800-6 (Klett)

PEFC
PEFC/04-32-0928

PEFC zertifiziert

Dieses Produkt stammt aus nachhaltig bewirtschafteten Wäldern und kontrollierten Quellen

www.pefc.de

Liebe Schülerinnen, liebe Schüler,

In eurem ersten Religionsbuch entdeckt ihr viele ...

... Geschichten ...

... und Bilder ...

... und Lieder.

Die ersten Seiten regen an, still zu werden, eure Sinne aufmerksam zu benutzen und nach Gott und der Welt zu fragen.

Das Religionsbuch hilft euch, auf eure vielen Fragen Antworten zu suchen und interessante Lösungen zu entdecken.

Am Ende des Buches findet ihr Ideen, wie ihr selbstständig Aufgaben lösen könnt.

Viel Freude im Religionsunterricht wünschen euch die Lehrerinnen und Lehrer, die dieses Buch für euch verfasst haben.

Inhalt

4

8

5

9

6

10

7

Sehen und staunen

Ich sehe ...
Ich staune ...
Ich entdecke ...
Ich nehme wahr,
was oft übersehen wird ...

- Vergleiche deine Hand mit der Hand deiner Banknachbarin oder deines Banknachbarn.
- Sprecht darüber, was ihr entdeckt habt.
- Nenne fünf Eigenschaften, die etwas von dir erzählen, was man nicht sofort sieht.

mit offenen Augen durch die Welt gehen

blind sein für andere

übersehen werden

gut angesehen sein

die Augen abwenden

jemanden aus den Augen verlieren

jemandem die Augen öffnen

Guter Gott,
danke für meine Augen,
danke für meine Hände und Fingerspitzen,
danke für meine Ohren ...

Danke für meine Eltern, meine Schwester,
meinen Bruder ...
danke für meine Mitschülerinnen und Mitschüler,
danke für ...

Danke, dass die anderen auf mich achten,
danke für unsere Gemeinschaft,
danke für ...

Suche einen Satz aus und
erzähle eine Geschichte dazu.

Hören und lauschen

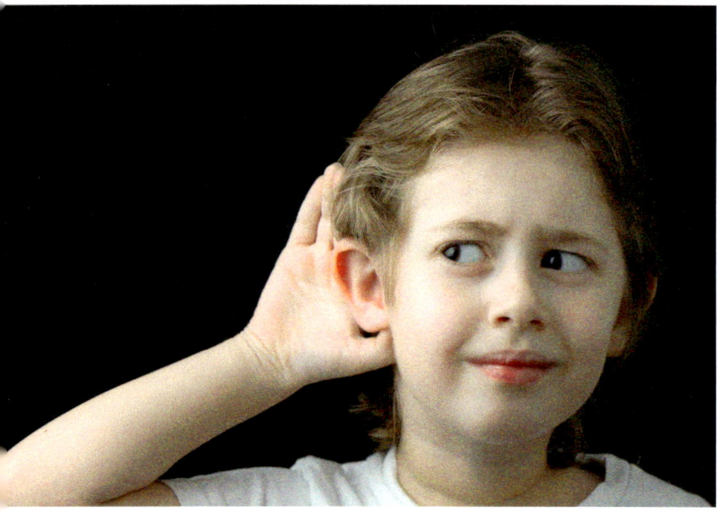

sich die Ohren zuhalten

die Ohren spitzen

ein offenes Ohr haben

in sich hineinhören

mit dem Herzen hören

in die Stille hören

Momo konnte zuhören wie kein anderer.
Sie saß da und hörte einfach zu.
Sie konnte so zuhören,
dass sich Schüchterne plötzlich frei und mutig fühlten,
dass Unglückliche froh wurden.
Wer sich ganz klein und unwichtig vorkam,
der fühlte sich plötzlich groß und bedeutend.
So konnte Momo zuhören.

Michael Ende

- ? Sammelt Wörter, die zu „hören“ passen. Überlegt euch „Hör-Rätsel“.
- Probiert in der Klasse aus, wie aufmerksames Zuhören geht.
- Eine Person, die für dich wichtig ist, hört dir zu. Erzähle oder male ein Bild.
- Du kannst das Bild in dein Ich-Buch einkleben und deine Gedanken zum Hören notieren.
- Unternehmt einen „Hörspaziergang“ durch die Schule oder im Freien: Schreibt auf oder malt, was ihr gehört habt.

Gott erschien dem König Salomo im Traum.
Er sagte zu ihm: „Sprich eine Bitte aus,
die ich dir erfüllen soll.“
Salomo bat Gott: „Ich will nicht berühmt werden.
Ich will nicht reich werden.
Ich bitte auch nicht um ein langes Leben.
Ich bin noch jung. Ich muss ein großes Volk regieren.
Deshalb schenke mir ein hörendes Herz.“

Nach 1 Könige 3,6–9

Ich will auf das Leise hören

T: Wolfgang Longardt
M: Andreas Hantke

Und weil ich auf dich lauschen will,
mach, guter Gott, mich nun ganz still.

Nimm die Haltung der beiden Kinder ein und spüre nach, was du empfindest.

? Überlege: Warum ist dem König Salomo ein hörendes Herz wichtiger als Reichtum?

Schreib weiter: König Salomo hat ein hörendes Herz, wenn er …

Fragen und Antworten suchen

Kleine Frage

Glaubst du,
du bist noch
zu klein,
um große
Fragen zu stellen?

Wer
bin ich?

Wie sieht
Gott aus?

Warum gibt es
das Leben?

Woher
kommt die Welt?

? Was ist deine große Frage?

Ein kleines Kind fragt

Warum bin ich auf der Welt?

Weil Mama und Papa sich gern haben.

Damit du alles auf der Welt ansiehst.

Um deinen Weg zu finden.

Um das Leben zu schützen.

Was sagst du dem Kind?

Das kannst du im Religionsunterricht tun

Diese Zeichen helfen dir,
die Aufgaben auszusuchen
und sie zu lösen.

- Suche etwas im Bild oder im Text. Schau genau!
- Male oder schreibe oder gestalte. Hier tust du etwas mit den Händen.
- Hier sprichst du. Oder du besprichst etwas mit anderen.
- Tu etwas mit der Gruppe.
- ? Besprecht eine Frage. Bei manchen Fragen muss man immer weiter fragen.
- Hier kannst du still werden, beten, feiern.
- Besonders Wichtiges malst oder schreibst du in dein Ich-Buch.

1 Miteinander anfangen

Unsere Reli-Gruppe

Suche mit deiner Nachbarin, deinem Nachbarn:
Was ist auf dem rechten Bild anders?

Zähle auf: Was ist in deinem Klassenzimmer anders?

? Was willst du im Religionsunterricht lernen?

Das bin ich! – Wer seid ihr?

- Male ein Bild: Das bin ich.
- Zähle auf: Das sehe ich, wenn ich in den Spiegel schaue.
- ? Beschreibe: Was gehört zu mir, was man nicht sehen kann?

- Schreibe sieben Wörter, die zu dir passen, auf ein Blatt. Legt die Zettel zusammen, lest sie vor und findet heraus, wer geschrieben hat.

Ich geb nach rechts und links die Hand.
Schon bald bin ich mit dir bekannt.
Ich lache dir noch freundlich zu
und sage fröhlich: „Hallo du!"

Spielt im Kreis:
Ich geb nach links und rechts
die Hand ...
Ich lache nach rechts und links ...
Ich heiße ... Wie heißt du?

Schließe die Augen.
Beschreibe:
So sieht mein Nachbar,
meine Nachbarin aus.

Wir alle – von Gott angenommen

Ob ich gehe oder ruhe,
es ist dir bekannt.
Du, Gott, legst deine
Hand auf mich.

Nach Psalm 139

Gott liebt mich,
auch wenn ...

- Zähle auf: Wer sorgt für mich?
- Besprecht: Wie sorgt ihr füreinander in der Familie?
- Entdecke auf den Bildern Menschen, die Gott liebt.
- Besprecht:
  Wer sorgt für die Schule?
  Für unsere Stadt? Für unser Dorf?
  Für die Kranken?
  Für die Kinder?

Ich danke dir,

dass du mich

so wunderbar

gestaltet hast.

Aus Psalm 139

- Male eine Frau oder einen Mann oder ein Kind, für die Gott besonders sorgen soll.
- Ich danke Gott, dass ...
- Leg deine Hand auf die Schulter deiner Nachbarin, deines Nachbarn. Werdet ganz still. Was fühlt ihr?

Gottes Liebe weitergeben

Schenken macht reich

T/M: Kathi Stimmer-Salzeder

2. Schenken macht reich,
beide zugleich.
Das geht bloß, lässt du los:
Armes wird dann stark und groß.
Das geht bloß, lässt du los:
Armes wird dann stark und groß.

3. Schenken macht reich,
beide zugleich.
Das ist, weil jeder Teil
ein Stück ist von Gottes Heil.
Das ist, weil jeder Teil
ein Stück ist von Gottes Heil.

Schau das Bild genau an.
Ich sehe ... Ich frage ...
Was tut Elisabeth?

Spielt die Situation auf dem Bild nach. Was erzählen die Menschen von Elisabeth?

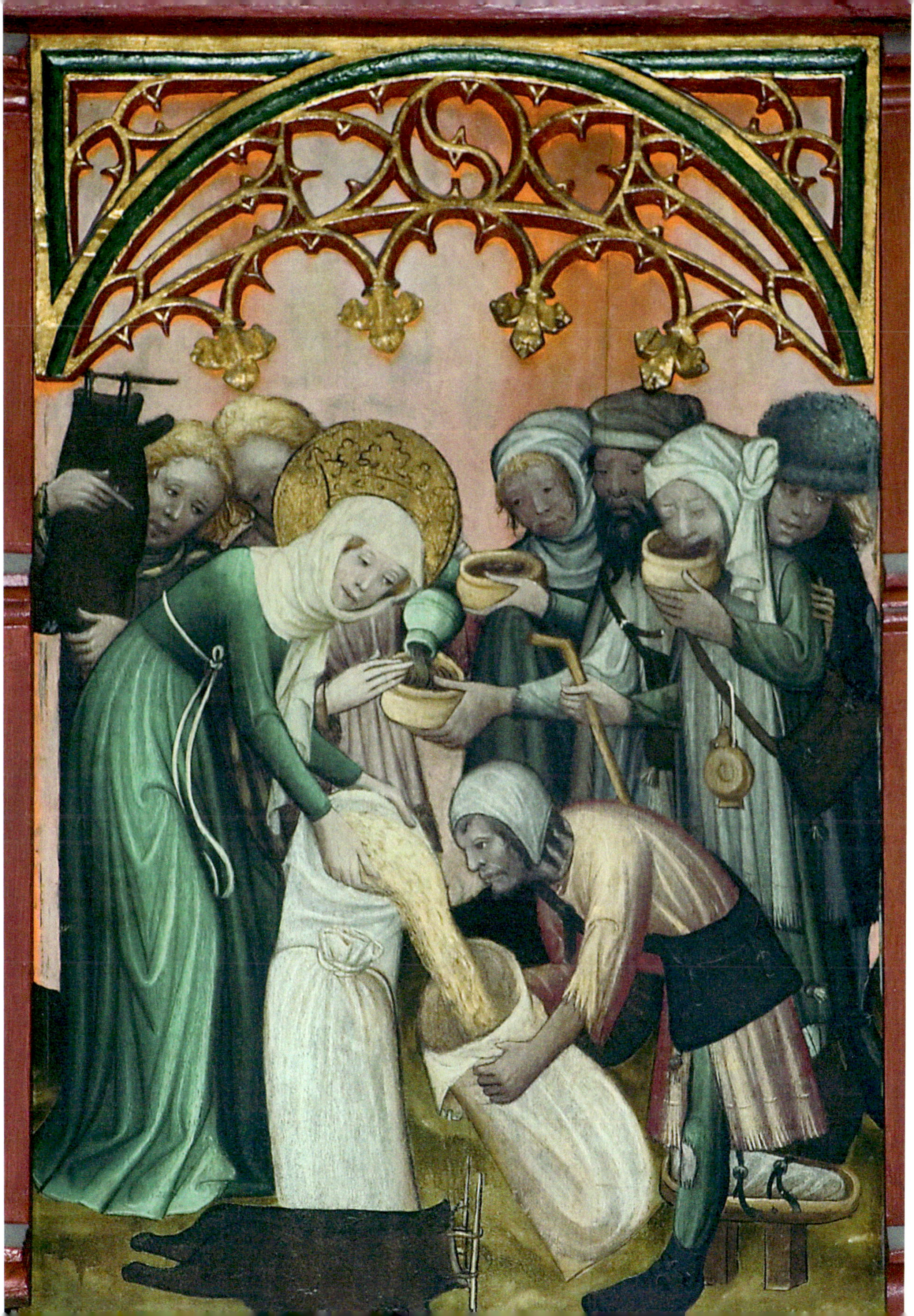

Nachdenken – mitfühlen – handeln

- Zeichne deine Hand auf ein Papier. Schneide den Umriss aus. Schreibe deinen Namen und deine Hobbys hinein.
- Klebt alle Hände auf ein Plakat. Findet eine Überschrift.
- ? Besprecht: Was sagt das Bild über eure Klasse aus?

? Elisabeth gibt den Armen zu essen. Sankt Martin teilt seinen Mantel mit einem Bettler. Überlegt: Warum tun sie das?

Ein Namensspiel: Ich heiße Anton und mag Ananas. – Ich heiße Julia und mag Jogurt.

Ich bin gefragt

- Das habe ich verstanden und neu gelernt.
- Das will ich mir aus diesem Kapitel besonders merken.
- Darüber möchte ich weiter nachdenken.

2 Gottes Welt entdecken

Mit allen Sinnen erfahren

- Schau dir das Bild an. Schließe die Augen. Erzähle: Was siehst du?
- Auf der Wiese, auf der Straße, am Baum gibt es viel zu sehen, zu hören, zu riechen, zu tasten. Erzählt einander.
- Suche ein Kind aus: Was sieht es, hört es, spürt es?
- Untersuche mit einer Lupe ein Stück Garten, Wiese, Schulhof.
- Gehe barfuß über eine Wiese, einen Waldboden, über den Schulhof. Sprecht darüber: Wie fühlt sich das an?

Schreibe ein Elfchen:

1. Zeile: Baum
2. Zeile: Grüne Blätter
3. Zeile: Vögel ... (suche noch zwei Wörter)
4. Zeile: Bienen ... (suche noch drei Wörter)
5. Zeile: Wunderbar

Vom Kleinen zum Großen

Lass die Dinge sprechen:
Ich bin ein Zettel ... ein Bleistift ...
Ich liege auf dem Tisch ...
Ich bin ein Tisch, ich ...

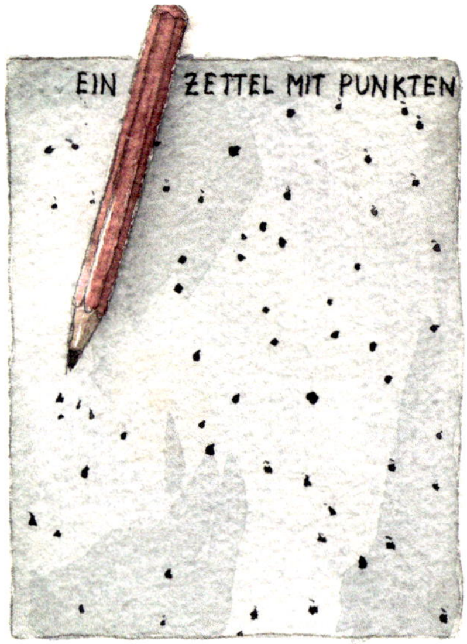

Fahre mit dem Finger vom Zettel
bis zum Universum und zurück.
Sprich mit deiner Nachbarin,
deinem Nachbarn:
Das habe ich entdeckt.

Wir sind hier im Klassenzimmer.
Das Klassenzimmer ist im Schulhaus.
Setzt die Reihe fort.

Unsere Erde ist ein ganz kleiner Punkt
im Universum.
Wir können beten: Staunenswert
sind deine Werke, Gott ...
Staunenswert sind ...

? Besprecht: Wer hat sich das so
ausgedacht?

? Sammelt eure Fragen zum Weltall
in einer Fragebox.
Sucht Antworten auch bei
Erwachsenen und im Internet.

IN EINEM HAUS

IN EINER STADT

IN EINEM LAND

AUF EINEM KONTINENT

AUF EINEM PLANETEN

IN EINEM UNIVERSUM

Unsere Erde soll nur ein kleiner Punkt im Weltall sein?

Gott danken

Herr, mein Gott, wie groß bist du!
Du lässt die Quellen sprudeln!
Allen Tieren des Feldes spenden sie Trank.
An den Ufern wohnen die Vögel des Himmels.
Aus den Zweigen erklingt ihr Gesang.
Herr, wie zahlreich sind deine Werke!
Mit Weisheit hast du sie alle gemacht.
Die Erde ist voll von deinen Geschöpfen.

Nach Psalm 104

Du hast uns deine Welt geschenkt

T: Rolf Krenzer
M: Detlev Jöker

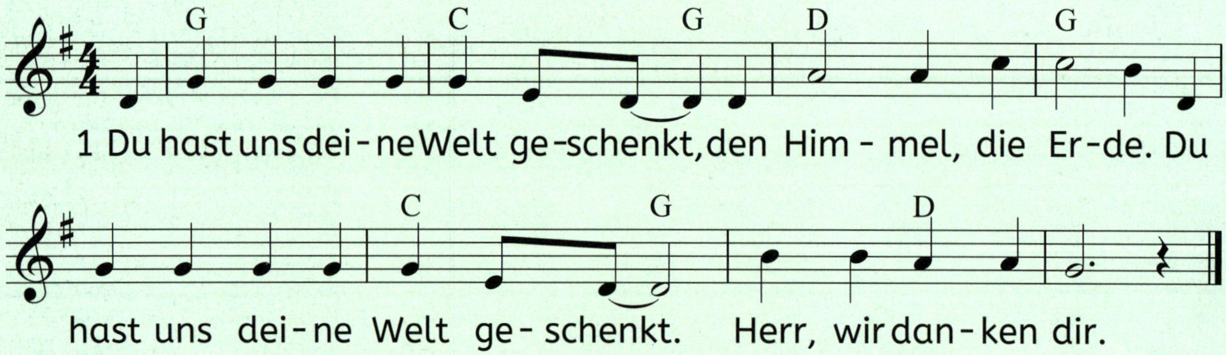

2. Du hast uns deine Welt geschenkt: die Länder, die Meere.
   Du hast uns deine Welt geschenkt. Herr, wir danken dir.

3. ... die Sonne, die Sterne ...
4. ... die Berge, die Täler ...
5. ... die Blumen, die Bäume
6. ... die Vögel, die Fische ...
7. ... die Tiere, die Menschen ...
8. ... Du gabst mir das Leben ...

9. Du hast uns deine Welt geschenkt: Du gabst uns das Leben.
   Du hast uns deine Welt geschenkt. Herr, wir danken dir.

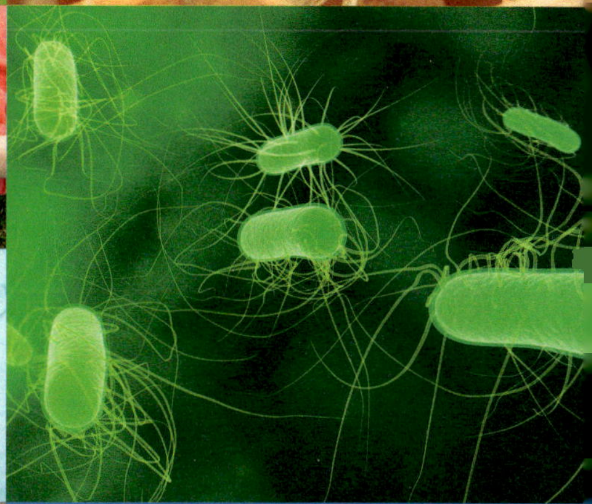

- Suche dir ein Foto aus.
  Stelle es der Klasse vor.
  Begründe, warum es dir gefällt.
- Singt das Lied nach jedem Bild.
  Findet zum Lied Bewegungen.
- „Die Erde ist voll von deinen Geschöpfen.“ Dichtet den Psalm weiter.
- Fotografiere oder male:
  Dafür danke ich.

Über den Anfang der Welt nachdenken

Naturwissenschaftler erforschen das Weltall,
die Erde, das Leben.

Wie entstand die Welt?
Was war am Anfang?

Woher kommen die Menschen?
Wer hat sich das alles ausgedacht?

Tauscht euch aus:
Was wisst ihr über die Entstehung der Welt?

? Fragt eure Eltern, wie sie sich den Beginn unserer Welt vorstellen.

? Plant: Wo könnt ihr euch noch erkundigen?

Die Menschen in der Bibel loben Gott
für die Größe und Schönheit der Welt.

Das Loblied von der Schöpfung

Nach Genesis 1

*Im Anfang schuf Gott
Himmel und Erde,
die ganze Welt.*

*Gott sprach: Es werde Licht,
und es wurde Licht.
Und Gott sah, dass es gut war.*

*Gott sprach: Ein Gewölbe soll
entstehen, der blaue Himmel.
Und Gott sah, dass es gut war.*

*Gott sprach: Das Wasser fließe
ab, und das Land lasse Pflanzen
und Bäume wachsen.
Und Gott sah, dass es gut war.*

*Gott sprach: Lichter sollen
leuchten: Sonne, Mond und Sterne.
Und Gott sah, dass es gut war.*

*Gott sprach: Das Wasser wimmle
von Fischen, und Vögel sollen in
der Luft fliegen.
Und Gott sah, dass es gut war.*

*Gott sprach: Tiere sollen auf der
Erde leben. Menschen sollen auf
der Erde leben, Mann und Frau.
Und Gott sah, dass es gut war.*

*Gott beendete sein Werk.
Und Gott sah: Es war sehr gut.*

Begleitet das Schöpfungslied
mit Instrumenten.

Auf Gottes Welt achten

JANUAR

Erkundigt euch, wann ihr Vögel füttern sollt. Was müsst ihr dabei beachten?

FEBRUAR

Beobachtet den Sternenhimmel. Besorgt euch eine Sternkarte.

MÄRZ

Welche Pflanzen blühen, bevor sie Blätter haben?

JULI

Macht aus frischem Brot, Käse und Gemüse bunte Pausenspieße!

AUGUST

SEPTEMBER

Welches Obst und welche Früchte werden jetzt geerntet?

Gestaltet einen eigenen Kalender. Tragt ein: Das habe ich beobachtet. Das habe ich getan.

Feiert ein Erntedank-Fest.

APRIL

Fragt nach, woher die Eier kommen. Erkundigt euch, wie die Hühner gehalten werden.

MAI

Beobachtet Vögel und hört auf ihren Gesang.

JUNI

Sammelt Materialien wie Gräser, Steine, Rinden und legt damit einen Weg. Geht langsam, barfuß, mit geschlossenen Augen über diesen Weg (Fühlstraße).

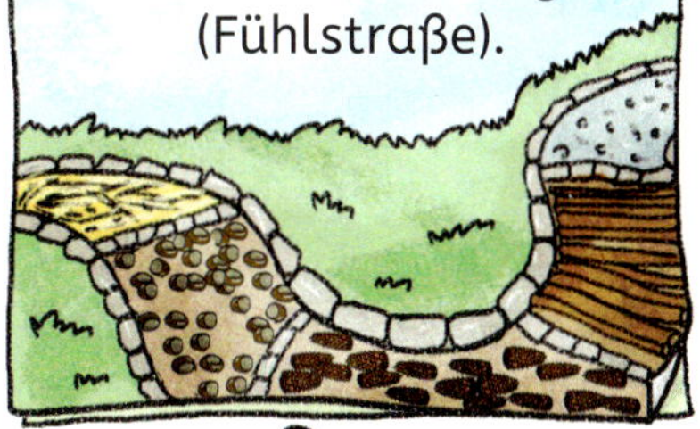

OKTOBER

Laudato si: Feiert ein Franziskusfest.

NOVEMBER

Baut ein Winterquartier für Marienkäfer.

DEZEMBER

Besorgt Barbarazweige. Erkundigt euch, wie ihr sie pflegen müsst, damit sie blühen.

Singt das Lied von Seite 28: „Du hast uns deine Welt geschenkt“.

? Begründe: Warum sollen wir auf Gottes Welt achten?

Nachdenken – mitfühlen – handeln

Ich tu, was ich kann:
Ich sorge zu Hause, in der Schule, bei der Oma … für die Zimmerpflanzen. Was muss ich beachten?

Worauf achte ich beim Einkaufen?

Worüber staunst du? Schreibe ein Elfchen.

Ich kann Wasser einsparen. Wo? Wann? Wie?

Einige Wege kann ich auch schon zu Fuß gehen, anstatt mich fahren zu lassen.

Ich kann auf Menschen achten, zum Beispiel einen kranken Mitschüler besuchen.

Die Malerin Gabriele Münter hat auf Seite 23 ihre Welt gemalt. Male deine Welt. Vergleicht eure Bilder.

Gestaltet mit euren Bildern ein Plakat oder zeigt sie in einer Ausstellung.

Ich bin gefragt …

- Das habe ich verstanden und neu gelernt.
- Das will ich mir aus diesem Kapitel besonders merken.
- Darüber möchte ich weiter nachdenken.

3 Nach Gott fragen

Sich Gott vorstellen

✋ Male ein Bild, wie du dir Gott vorstellst. Erklärt eure Bilder der Klasse.

? Fragen, die Kinder haben, stehen im Fragezeichen. Welche Frage hast du? Sucht gemeinsam nach Antworten.

Amelie sagt: Gott ist im Herzen.
Leo sagt: Gott ist überall.
Jonas sagt: Gott ist im Himmel.
Paul sagt: Gott ist in der Kirche.
Julia sagt: Ich habe Gott noch nicht gesehen.
Was sagst du?

Niemand weiß, wie Gott wirklich aussieht, und dann kann man sich den ganz verschieden vorstellen.

Ina

Gott ist wie eine große Wolke.
Man kann ihn nicht sehen.
Er ist da und auch nicht da.

Niklas

? Lies die Antworten von den Kindern. Was sagst du?

? Lisa fragt: Kann ich mir Gott auch als Frau vorstellen? Antworte ihr.

? Erkundigt euch: Wo könnt ihr etwas über Gott erfahren?

Abraham – ein Mensch hört Gott

Abraham ist ein Nomade. Mit seiner Frau Sara und seiner ganzen Verwandtschaft lebt er in Haran.
Eines Tages hört er die Stimme Gottes:
„Zieh fort aus deinem Land.
Zieh fort von deinen Verwandten.
Zieh in ein Land, das ich dir zeigen werde.
Ich werde dich segnen.
Ich werde die Menschen segnen, die dich segnen.
Du wirst für sie ein Segen sein.“

Da macht Abraham sich auf den Weg. Er geht fort von Haran.
Mit ihm ziehen seine Frau, sein Neffe Lot, seine Knechte und Mägde und seine Herden.
Sie kommen in das Land Kanaan.
Wieder hört Abraham die Stimme Gottes:
„Deine Nachkommen werden in diesem Land leben.“
Da baut Abraham einen Altar und betet zu Gott.

Nach Genesis 12

Abraham

T: Diethard Zils
M: Wim ter Burg

2. Abraham, Abraham, verlass
dein Land und deinen Stamm.
Ich versprech dir meinen Segen,
bin mit dir auf allen Wegen,
alle Menschen groß und klein
solln in dir gesegnet sein.

3. Abraham, Abraham, verlässt sein
Land und seinen Stamm.
Auf das Wort hin will er's wagen,
ohne Klagen, ohne Fragen
steht er auf und zieht er fort,
Richtung zeigt ihm Gottes Wort.

Abrahams Frau Sara sagt:
Sollen wir wirklich alles verlassen?
Spielt das Gespräch.

? Gott verspricht Abraham:
Ich segne dich. Ich begleite dich.
Besprecht: Wo braucht Abraham Gott besonders?

Schaut das Bild auf Seite 35 an.
Wie stellt der Maler Gott dar?

Auf Gott vertrauen

? Sprich mit dem Hirten: Was kann dem Schaf alles passieren?

Spielt: Ich bin der Hirte, ich suche das Schaf, weil ... Ich bin der Hirte, ich suche das Schaf nicht, weil ...

Das Schaf erzählt: Ich bin fortgelaufen. Ich habe mich verirrt. Ich hatte große Angst ... Ich habe ... Da kam der Hirte ...

Lisa kennt eine ähnliche Geschichte aus ihrer Kinderbibel. Jesus hat sie erzählt. Mehr erfahrt ihr über Jesus in Kapitel 6.

Der Herr ist mein Hirte.
Nichts wird mir fehlen.

Er lässt mich lagern auf grünen Auen.
Er führt mich zum Ruheplatz am Wasser.
Er leitet mich auf rechten Pfaden.

Der Herr ist mein Hirte.
Nichts wird mir fehlen.

Muss ich auch wandern in finsterer Schlucht,
ich fürchte kein Unheil.
Du bist bei mir.

Der Herr ist mein Hirte.
Nichts wird mir fehlen.

Aus Psalm 23

Erzähle: Da habe ich mich verirrt.
Da bin ich wiedergefunden worden.

Gestaltet ein Memo-Spiel zu Psalm 23.
Schreibt jeden Satz auf eine Karte,
malt zu jedem Satz ein Bild.

Gott um Hilfe bitten

Suche ein Kind aus und lass es erzählen:
Das geschieht jetzt.
Wie kam es dazu?
Wie wird es weitergehen?

Spielt mit euren Instrumenten:
Wie fühlen sich die Kinder auf dem Bild?

? Marion fragt: Ist Gott auch da, wenn es mir schlecht geht?

Halte zu mir

T: Rolf Krenzer / M: Ludger Edelkötter

2. Du bist jederzeit bei mir. Wo ich geh und steh,
spür ich, wenn ich leise bin, dich in meiner Näh.

3. Gibt es Ärger oder Streit und noch mehr Verdruss,
weiß ich doch, du bist nicht weit, wenn ich weinen muss.

4. Meine Freude, meinen Dank, alles sag ich dir.
Du hältst zu mir, guter Gott, spür ich tief in mir.

Findet zu dem Lied Bewegungen und begleitet das Lied.

Dichte weiter: Halte zu mir, guter Gott, wenn …

Nachdenken – mitfühlen – handeln

- Male noch einmal ein Bild: So stelle ich mir Gott vor. Vergleiche es mit dem ersten Bild.
- Was antwortest du Julia jetzt?
- Gott segnet Abraham. Ihr könnt einander den Segen Gottes wünschen. Verwendet dazu die Sätze: „Gott segne dich!“ „Gott sei bei dir!“ „Gott begleite dich!“
- Abraham dankt Gott. Er betet: ...
- Lies noch einmal den Psalm auf Seite 41: Der Herr ist mein Hirte. Ich fürchte kein Unheil. Dichte weiter: auch wenn ich traurig bin ..., auch wenn ich ...
- Probiert aus: Aufrecht sitzen, die Hände geöffnet auf die Oberschenkel legen. Ruhig ein- und ausatmen. Der Atem kommt und geht. Ruhig werden. Die Stille aushalten. Ich bin gehalten.

Ich bin gefragt

- Das habe ich verstanden und neu gelernt.
- Das will ich mir aus diesem Kapitel besonders merken.
- Darüber möchte ich weiter nachdenken.

4 Mit Gott sprechen

Was Kinder bewegt – was sie Gott sagen

- Die Kinder sprechen mit Gott. Beschreibe, was sie bewegt.
- ? Was möchtest du Gott sagen? Schreibe es auf ein Blatt oder male ein Bild.

Katholische Christen beginnen ihr Gebet mit dem Kreuzzeichen: „Im Namen des Vaters und des Sohnes und des Heiligen Geistes."

beten

bitten

danken

- Gestaltet Plakate mit den Überschriften „klagen“, „loben“, „bitten“ und „danken“.
- Ordnet eure Gebete oder Bilder diesen Überschriften zu.

Ein wichtiges Gebet – das Vaterunser

- *Vater unser im Himmel,*
  geheiligt werde dein Name.
- *Dein Reich komme.*
  Dein Wille geschehe,
- *wie im Himmel so auf Erden.*

- *Unser tägliches Brot gib uns heute*
- *und vergib uns unsere Schuld,*
  wie auch wir vergeben unseren
  Schuldigern,

- *und führe uns nicht in Versuchung,*
  sondern erlöse uns von dem Bösen.

- *Denn dein ist das Reich*
  und die Kraft und die Herrlichkeit
  in Ewigkeit.

Amen

Ein Jünger fragt Jesus:
„Wie sollen wir beten?"
Jesus lehrt die Jüngerinnen und
Jünger das Vaterunser.

Lest die Sätze des Vaterunser.

Schreibe auf:
Meine Mutter ist für mich wichtig, weil ...
Mein Vater ist für mich wichtig, weil ...
Gott ist für mich wichtig, weil ...

? Suche einen Satz aus dem Vaterunser, der dich besonders anspricht.
Finde zu deinem Satz eine Geste.

Sprecht mit diesen Bewegungen das Vaterunser.

Stellt das Foto nach. Achtet auf die Hände. Bleibt eine Weile unbeweglich, werdet still.
Was empfindet ihr?

geborgen, zärtlich, gut, vertraut, liebevoll:
Suche ein Wort heraus, das zu dem Bild passt.

Dein Reich komme

Jesus sagt: Blinde sehen wieder und Lahme gehen.
Kranke werden gesund und Taube hören.
Tote stehen auf und
den Armen wird die frohe Botschaft verkündet.

Nach Matthäus 11,5–6

- Beschreibe, was die Menschen auf den Bildern erleben.
- Lass sie sprechen:
  Ich freue mich, wenn …
  Ich sorge mich, dass …
- Menschen wenden sich einander zu. Stellt das in Standbildern dar.
- ? Sucht im Buch Beispiele: Wo wird das Reich Gottes spürbar?

Unser tägliches Brot gib uns heute

Was ist's, was die Menschen brauchen?

T/M: Franz Kett

2. Klares Wasser für den Durst.
3. Kleider und auch warme Schuh.
4. Ein Zuhause und ein Bett.
5. Einen Menschen, der sie liebt.

Dichte weitere Strophen zum Lied.

Gestaltet ein Bodenbild: Das brauchen wir zum Leben. Bringt diese Dinge mit oder malt ein Bild.

? Kinder im Krankenhaus; Menschen, die allein sind; Kinder im Flüchtlingslager. Zähle auf: Was brauchen sie zum Leben?

Menschen zeigen etwas von Gott: Hände, die schenken. Worte, die trösten. Augen, die sehen. Ohren, die hören. Nenne Beispiele. Setze die Reihe fort. Schau nach auf Seite 6 bis 9.

Nachdenken – mitfühlen – handeln

Wir haben ein Dach
Und Brot im Fach
Und Wasser im Haus
Da hält man's aus.

Und wir haben es warm
Und haben ein Bett.
O Gott, dass doch jeder
das alles hätt!

Reiner Kunze

- Ergänze das Gedicht. Du kannst danken, loben, bitten, klagen.
- Such dir eine Tageszeit aus: den Morgen, den Mittag, den Abend: Wie kannst du beten?
- Sucht weitere Gebete oder verfasst sie selbst. Erstellt ein Klassengebetbuch.
- Die Menschen auf Seite 45 tanzen dem Frieden entgegen. Besprecht: Was drücken sie mit ihrem Tanz aus? Gestaltet selbst einen Tanz um eine Mitte.

Ich bin gefragt

- Das habe ich verstanden und neu gelernt.
- Das will ich mir aus diesem Kapitel besonders merken.
- Darüber möchte ich weiter nachdenken.

5 Mit Gott auf dem Weg

Wie die Menschen

? Welche Menschen aus der Bibel kennt ihr schon? Erzählt von ihnen.

Beschreibe: Wie haben die Menschen zur Zeit der Bibel gelebt?

Vergleiche damit, wie du lebst.

zur Zeit der Bibel lebten

Bringt eure Kinderbibeln mit.
Stellt sie einander vor.
Zeigt eure Lieblingsgeschichte.

? Fragt nach, wo in eurer Nähe ein Bibelgarten oder ein Bibelhaus ist, das ihr besuchen könnt.

Der Regenbogen erinnert an Gottes Versprechen

Die Menschen auf der Erde taten immer mehr Böses. Sie kümmerten sich nicht mehr um Gott und um die Mitmenschen.
Nur Noach war ein Freund Gottes.
Er war gerecht und gut.
Gott sprach zu ihm: Eine große Flut wird kommen und alles vernichten. Bau eine Arche und lege einen Essensvorrat an. Geh mit deiner Familie in die Arche. Nimm von allen Tieren je zwei mit.
Noach tat, was Gott ihm gesagt hatte.
Es regnete 40 Tage und 40 Nächte. Alles Land wurde überflutet.
Noach, seine Familie und die Tiere waren in der Arche geborgen.
Dann sandte Noach eine Taube aus. Sie brachte einen grünen Zweig mit.
Da öffnete Noach die Tür und siehe: Die Erde war trocken.
Er verließ die Arche mit seiner Familie und allen Tieren.
Noach baute einen Altar und dankte Gott.
Gott segnete Noach und sprach:
Ich schließe einen Bund mit euch:
Nie wieder soll eine so große Flut kommen und alles vernichten.
Der Regenbogen soll das Zeichen für mein Versprechen sein:
Ich verlasse euch nicht.

Nach Genesis 6 bis 9

Ein bunter Regenbogen ist übers Land gezogen,
damit ihr alle wisst, dass Gott uns nicht vergisst.

Rolf Krenzer

- Erzähle die Geschichte nach.
- Suche Sätze aus dem Text, die zum Bild passen.
- Male einen Regenbogen. Schreibe hinein, was Gott verspricht.
- Noach erzählt seiner Familie: „Die Taube hat einen grünen Zweig gebracht.“ Die Familie freut sich. Lass sie sprechen.
- ? Besprecht: Was bedeutet der grüne Zweig?

Josef und seine Brüder

Weißt du, wie's mit Josef war?

T/M: Robert Haas

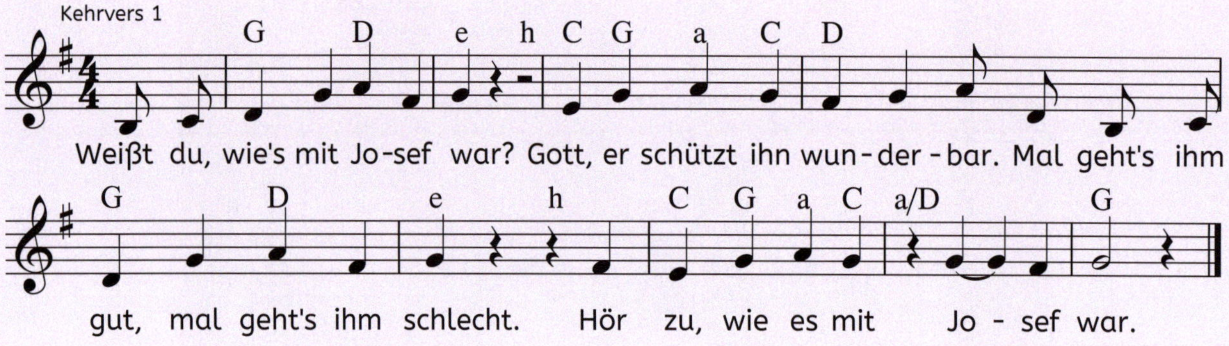

Im Land Kanaan lebte Josef mit seinem Vater Jakob und mit seinen elf Brüdern.
Der Vater liebte Josef besonders. Er schenkte ihm ein schönes buntes Gewand, wie es nur Prinzen tragen. Die Brüder merkten, dass der Vater Josef mehr liebte als sie. Deshalb hassten sie Josef und konnten nicht mehr freundlich zu ihm sein.
Josef erzählte ihnen auch seine Träume: Sonne, Mond und elf Sterne verneigten sich vor ihm.
Da hassten sie ihn noch mehr.

Nach Genesis 37,1–11

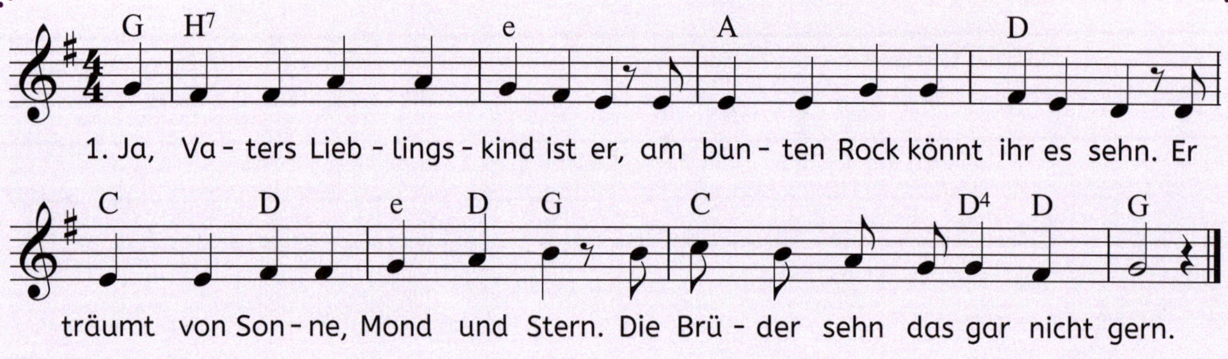

Male zu den einzelnen Erzählungen der Josefs-Geschichte ein Bild.

Spielt die Geschichte, zum Beispiel mit Knotenfiguren. Siehe Seite 66.

für Thomas Mann
Joseph
Träumer
6. VI.

Josef kommt nach Ägypten

Eines Tages besuchte Josef seine Brüder. Sie hüteten ihre Tiere auf der Weide. Da sagten sie zueinander: „Da kommt er, dieser Träumer! Wir wollen ihn umbringen." Sie zogen ihm sein Gewand aus und warfen ihn in eine Zisterne.
Als eine Karawane vorbeikam, verkauften sie ihn. So kam er nach Ägypten.
Die Brüder beschmierten Josefs Gewand mit dem Blut einer Ziege und ließen es zu ihrem Vater bringen. Da schrie der Vater: „Das Gewand meines Sohnes! Ein wildes Tier hat ihn gefressen!" Niemand konnte ihn trösten.
Die Kaufleute verkauften Josef in Ägypten an Potifar. Er wurde sein Sklave. Was Josef auch arbeitete, alles gelang ihm. Darum vertraute Potifar ihm sein Haus und seine Felder an. Doch eines Tages wurde Josef ungerecht beschuldigt.
Da ließ Potifar ihn voll Zorn ins Gefängnis werfen.

Nach Genesis 37 bis 39

Josef wird Stellvertreter des Pharao

Auch im Gefängnis war Gott mit Josef. Alles, was Josef arbeitete: Gott ließ es gelingen. Der Gefängnisleiter vertraute ihm alle Gefangenen an. Josef legte auch die Träume der Gefangenen aus. So wurde er als Traumdeuter bekannt. Eines Tages hatte der Pharao, der König von Ägypten, einen Traum:

Sieben schöne, fette Kühe
steigen aus dem grünen Nil.
Sieben klapperdürre Kühe
fressen sie mit Stumpf und Stiel.
Nur noch die magern stehn im Gras.
Pharao, was bedeutet das?

Sieben volle, goldne Ähren
schwanken hin und her im Wind.
Sieben klapperdürre Ähren
fressen die dicken Ähren geschwind.
Nur noch die magern sind zu sehn.
Pharao, Pharao, was wird geschehn?

Die Wahrsager und Weisen des Landes konnten die Träume nicht deuten. Da erinnerte sich ein Diener an den Traumdeuter Josef. Schnell ließ der Pharao Josef aus dem Gefängnis holen. Und Josef sagte: „Mit Gottes Hilfe will ich dem Pharao die Träume deuten. Sieben Jahre wird großer Überfluss im Lande sein. Dann aber werden sieben Jahre kommen, in denen große Hungersnot herrscht.“ Der Pharao war vom Geist Gottes beeindruckt, den er in Josefs Worten erkannte. Er machte ihn zum zweiten Mann über ganz Ägypten.
In den sieben Jahren, die reiche Ernte brachten, sammelte Josef das Getreide. In den sieben Jahren der Not teilte er das Getreide an die hungernden Menschen aus.

Nach Genesis 39 bis 42

Josefs Brüder kommen nach Ägypten

Auch in Kanaan herrschte große Hungersnot. Jakob sagte zu seinen Söhnen: „Geht und kauft Getreide, damit wir nicht verhungern müssen.“ So kamen die Brüder zu Josef und warfen sich vor ihm nieder. Josef erkannte seine Brüder, sie aber erkannten ihn nicht. Er sagte zu ihnen: „Spione seid ihr!“ Und er warf sie ins Gefängnis. Nach drei Tagen ließ er sie frei, und sie kehrten mit dem Getreide heim. Als die Hungersnot immer größer wurde, zogen die Brüder Josefs ein zweites Mal nach Ägypten. Da lud er sie zu einem Festessen ein. Josef gab sich zu erkennen, weinte vor Freude und sagte: „Ich bin Josef, euer Bruder, den ihr nach Ägypten verkauft habt. Lebt mein Vater noch? Habt keine Angst! Um das Leben vieler Menschen zu retten, hat Gott mich hierher geschickt. Ihr habt mir Böses angetan, aber Gott hat alles zum Guten gewendet.“

Nach Genesis 42 bis 50

Josefs Geschichte – unsere Geschichten

Wähle einen Satz aus.
Erzähle oder spiele dazu ein eigenes Erlebnis.

Erzähle den Teil von Josefs Geschichte, der dazu passt.

Was auch geschieht, Gott ist dabei

Bringe die Überschriften in die richtige Reihenfolge. Notiere das Lösungswort.

Josef wird Stellvertreter des Pharao. T

Josef kommt nach Ägypten. O

Josef und seine Brüder. G

Josefs Brüder kommen nach Ägypten. T

„Mal ging es auf, mal ging es ab." Lies die Sätze. Zeige mit erhobenen oder gesenkten Händen, wann es mit Josef auf oder ab geht.

Ordne deine Bilder zu den Geschichten.

Gestalte mit den Bildern ein Josef-Buch. Male ein Bild als Deckblatt.

Betrachte das Bild auf Seite 61. Sprich aus: Was denkt, fühlt und fragt Josef?

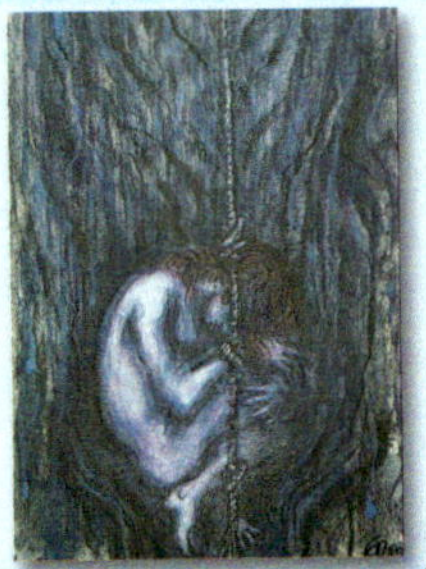

Spielt mit Knotenfiguren Teile aus der Josef-Geschichte nach. Für die Figuren brauchst du Stoffreste oder Tücher: in jedes Tuch einen Knoten machen und einen oder zwei Finger in den großen Kopfknoten stecken – schon geht das Rollenspiel los!

Wähle eine Person aus der Josef-Geschichte und lass sie erzählen. Ich bin der Pharao ..., Ich bin der Vater Jakob ...

Ihr könnt mit den Knotenfiguren auch die Noach-Geschichte spielen.

streiten	frei sein
gefangen sein	hoffen
tot sein	vertrauen
Angst haben	lebendig sein
verzweifelt sein	sich versöhnen

Suche die beiden Wörter, die zusammengehören.

Wähle ein Paar aus und stelle es dar.

Finde in der Geschichte von Josef ein Beispiel dazu.

Finde in der Geschichte von Noach ein Beispiel dazu.

Gott ist bei Noach,
bei Josef –
und bei uns?
Diskutiert.

Wähle Arbeitsaufträge aus und bearbeite sie alleine oder in der Gruppe. Präsentiert eure Ergebnisse.

Nachdenken – mitfühlen – handeln

Geh mit uns

T: Norbert Weidinger / M: Ludger Edelkötter

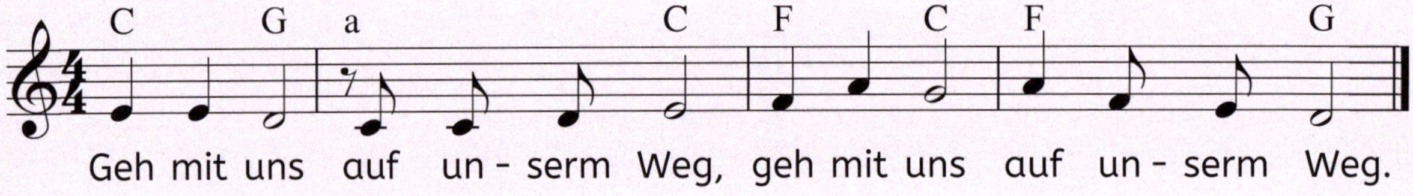

- Noach baut die Arche, wie Gott es ihm gesagt hat. Seine Nachbarn wundern sich. Spielt ihr Gespräch.
- ? Das Wasser steigt und Noach verschließt die Arche. Ihm gehen viele Gedanken durch den Kopf …
- Josefs Brüder leiden unter der Hungersnot und suchen in Ägypten nach Lebensmitteln. Auch heute hungern Menschen und verlassen ihre Heimat. Erkundigt euch, sammelt Bilder und gestaltet ein Plakat.
- Singt und tanzt das Lied.
- Schreibe, male in dein Ich-Buch: Das möchte ich mir aus der Noach-Geschichte merken. Das möchte ich mir aus der Josef-Geschichte merken.
- Betrachte das Labyrinth auf Seite 53. Fahre mit dem Finger den Weg von außen zum Ziel. Beschreibe.
- ? Vergleiche den Lebensweg von Josef mit dem Labyrinth: Welche Gemeinsamkeit entdeckst du?
- ? Vergleiche Josefs Weg mit dem von Noach. Nenne, was bei beiden Geschichten ähnlich ist. Stelle mit den Händen das Auf und Ab dar.

Ich bin gefragt …

- Das habe ich verstanden und neu gelernt.
- Das will ich mir aus diesem Kapitel besonders merken.
- Darüber möchte ich weiter nachdenken.

6 Jesus kennenlernen

Kinder begegnen Jesus

Suche auf dem Bild Kinder. Beschreibe, was sie arbeiten.

Stelle ihre Haltung nach. Ich muss den ganzen Tag arbeiten, bei der Ernte helfen, Wasser schleppen ... Keiner achtet auf mich ...

Ich bin ein Schulkind. Wenn ich aus der Schule komme ... Nachmittags spiele ich ... Sprecht weiter.

Spielt: Jesus segnet die Kinder.

Lass eine Mutter erzählen. Lasst die Jünger miteinander reden.

Jesus kommt.
Kinder wollen zu Jesus.
Die Jünger schimpfen:
Verschwindet! Jesus hat keine Zeit für Kinder!
Jesus hört das. Er wird zornig:
Lasst die Kinder zu mir kommen!
Jesus schiebt die Jünger beiseite:
Ich will ihnen die Hände auflegen und sie segnen.

Nach Markus 10,13–16

Ihr könnt die Geschichte mit euren Instrumenten spielen.

Werdet ganz still. Überlegt: Was hören Kinder gerne? Nach jedem Satz bleibt ihr wieder eine Weile still. Zum Schluss schreibt ihr den Satz auf, der euch am besten gefällt.

Beschreibe die Fotos:
So leben Kinder heute.
Diskutiert!

Der blinde Bartimäus begegnet Jesus

Jesus will mit seinen Jüngern die Stadt verlassen.

Bartimäus sitzt am Boden und schreit nach Jesus.

Jesus hört ihn.

Er ruft ihn. „Was willst du, dass ich dir tun soll?“

Blinder Bartimäus

T/M: Franz Kett

Jesus heilt Bartimäus.

Bartimäus folgt ihm nach.

Nach Markus 10,46–52

- ✋ Drück mit deinem Instrument aus: Bartimäus vor der Begegnung mit Jesus – Bartimäus nach der Begegnung mit Jesus.
- ? Die Leute sagen zu Bartimäus: „Schrei nicht, sei still!“ Jesus verhält sich anders. Die Jünger denken nach. Lass sie sprechen.
- ✋ Dichte das Lied weiter.
- ✋ Menschen mit Krankheiten oder Behinderungen wurden zur Zeit Jesu verachtet und oft ausgeschlossen. Der Glaube an Jesus hat viele Kranke froh gemacht. Sie danken ihm. Schreibt gemeinsam einen Dankesbrief. Jede und jeder fügt einen Satz an.

Der Zöllner Levi begegnet Jesus

Levi sitzt am Zoll: Spielt, wie Levi von den Leuten Geld verlangt.

Jesus kommt: Was wird er sagen? Spielt die Geschichte weiter.

Levi ist ein anderer geworden.
Besprecht: Was ist geschehen?

? Stell dir vor: Jesus kommt zu dir.
Überlege: Was sagt er zu dir?

Menschen sind von Jesus begeistert

Seht nur her!

T: Rolf Krenzer / M: Martin Göth

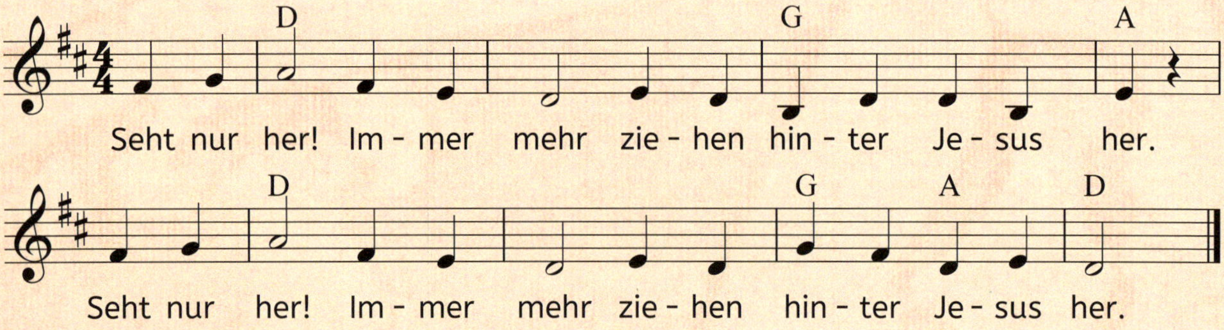

Suche auf dem Bild Menschen, die zuhören, die nachdenken, die sich freuen.

Suche eine Person aus und lass sie erzählen: Ich bin von Jesus begeistert, weil …

Du bist da, wo Menschen leben

T/M: Detlev Jöcker

Wo Jesus handelt oder redet, wird das Reich Gottes erfahrbar. Dichtet weitere Strophen: Du bist da, wo Menschen …

Mit den Liedern auf den Seiten 76/77, 72/73 und 114 könnt ihr ein Singspiel gestalten.

Jesus – wer ist das eigentlich?

Gott sandte den Engel Gabriel zu Maria in die Stadt Nazaret.
Der Engel trat bei ihr ein und sagte: „Sei gegrüßt! Du bist voll der Gnade. Der Herr ist mit dir.“
Maria erschrak und überlegte, was dies bedeutet.
Da sagte der Engel zu ihr:
„Fürchte dich nicht, Maria.
Du wirst einen Sohn bekommen.
Er soll Jesus heißen.
Er wird groß sein und Gottes Sohn genannt werden.“
Maria aber sagte zum Engel:
„Wie soll das möglich sein, wenn ich mit keinem Mann zusammenlebe?“
Der Engel antwortete ihr:
„Der Heilige Geist wird über dich kommen, und die Kraft Gottes wird dich umhüllen. Deshalb wird dein Kind heilig sein, und man wird es Sohn Gottes nennen.“
Da sagte Maria:
„Ich bin die Magd des Herrn, mir geschehe, wie du es gesagt hast.“
Einige Zeit später besuchte Maria ihre Verwandte Elisabet. Auch sie erwartete ein Kind.

Nach Lukas 1,26–41

- Lest die Erzählung mit verteilten Rollen.
- Sammelt die schwierigen Wörter und lasst sie euch erklären.
- Der Engel kommt zu Maria: Stellt das Bild nach.
- Sucht aus der Geschichte einen Satz, der für euch wichtig ist. Schreibt ihn auf ein Kärtchen. Legt die Kärtchen in die Mitte und stellt euren Satz vor.
- Sucht aus der Erzählung heraus, was über Jesus gesagt wird.
- Christen erinnern sich oft an den Besuch des Engels bei Maria. Sie beten: „Gegrüßet seist du, Maria.“ Du findest das Gebet im Gotteslob, Nummer 3,5.

Jesu Geburt

In jenen Tagen erließ Kaiser Augustus den Befehl, alle Bewohner des Reiches in Steuerlisten einzutragen. Da ging ein jeder in seine Stadt, um sich eintragen zu lassen. So zog auch Josef von Nazaret in die Stadt Betlehem. Er wollte sich mit Maria eintragen lassen. Als sie dort waren, gebar Maria ihren Sohn. Sie wickelte ihn in Windeln und legte ihn in eine Krippe. In der Herberge war kein Platz für sie.

In jener Gegend lagerten Hirten auf freiem Feld. Sie hielten Nachtwache bei ihrer Herde. Da trat der Engel des Herrn zu ihnen. Sie fürchteten sich sehr, der Engel aber sagte zu ihnen: „Fürchtet euch nicht. Ich verkünde euch eine große Freude: Heute ist euch der Retter geboren. Er ist der Messias, der Herr." Und plötzlich war bei dem Engel eine große himmlische Schar. Sie lobte Gott und sprach: „Ehre sei Gott in der Höhe und Friede auf Erden den Menschen seiner Gnade."

Nach Lukas 2,1–14

- Viele Personen sind auf dem Bild. Zähle die einzelnen Gruppen auf.
- Die Gesichter werden angestrahlt. Beschreibe, woher das Licht kommt. Lass den Maler sprechen: Ich habe …
- Hirten erzählen: Wir haben unsere Schafe gehütet. Erzähle weiter …
- Male oder schreibe, was du dem Kind wünschst oder von ihm erhoffst.
- Besucht die Krippe in eurer Kirche.
- Erkundige dich, ob du beim Krippenspiel mitmachen kannst.
- Singt gemeinsam Weihnachtslieder.

Gotteslob 239

Nachdenken – mitfühlen – handeln

Als Maria ihre Verwandte Elisabet besucht,
singt sie:
Voll Freude singe ich Gott, meinem Retter.
Auf mich hat er geschaut.
Jetzt werden all die vielen zu mir sagen:
„Gott hat dir geholfen.
Er ist gut,
er steht immer auf der Seite der Armen.“
Er ist groß.
Die Unterdrückten richtet er auf,
und die Mächtigen bringt er zu Fall.
Er gibt Brot denen, die Hunger haben,
und die Reichen lässt er leer ausgehen.

Nach Lukas 1,46–55

- Schaue die Bilder auf Seite 78 und 81 an. Erzähle, worüber Maria sich freut.
- Suche im Text: Was sagt Maria über die Armen, die Unterdrückten, die Hungrigen?
- Stellt Standbilder dazu.
- Suche im Lied der Maria einen Satz, der zu dir passt. Oder dichte einen eigenen Satz dazu.
- Die Kinder, Levi und Bartimäus: Wähle ein Bild aus und erzähle dazu die Geschichte.
- Finde im Lied der Maria: Welchen Satz können die Kinder sagen, welchen Satz kann Levi sagen, welchen Satz Bartimäus?

Ich bin gefragt

- Das habe ich verstanden und neu gelernt.
- Das will ich mir aus diesem Kapitel besonders merken.
- Darüber möchte ich weiter nachdenken.

Jesu Lebensweg

Jesus hilft Menschen

Streck deine Hand aus!

Jesus ging am Sabbat in die Synagoge.
Dort saß ein Mann mit einer verdorrten Hand.
Die Gegner Jesu gaben acht: Heilt Jesus am Sabbat?

Jesus sagte zu dem Mann:
„Steh auf und stell dich in die Mitte."
Dann fragte er die anderen:
„Ist es erlaubt, am Sabbat ein Leben zu retten?"
Und er sah sie alle der Reihe nach an.
Dann sagte er zu dem Mann:
„Streck deine Hand aus."
Er streckte sie aus und seine Hand war gesund.
Die Gegner Jesu aber überlegten:
Was können wir gegen ihn unternehmen?

Nach Lukas 6,6–11

- Beschreibe das Bild. Schau auf die Hand von Jesus, auf die des Mannes.
- Stellt die Haltungen nach.
- ? Frage Relix: Warum ist es verboten, am Sabbat zu heilen?
- ? Betrachte die Gesichter der Menschen: Sie denken … Sie fragen sich …
- Wähle eine Person aus. Lass sie erzählen.
- ? Einige fangen an zu verstehen, dass …

Was Menschen über Jesus denken

Suche auf dem Bild: Wer ist für Jesus? Wer ist gegen ihn? Wer überlegt noch?

Begründe, warum die Menschen so denken.

Jesus geht seinen Weg ...

Jesus zieht in Jerusalem ein

Jesus kam mit seinen Jüngern in die Nähe von Jerusalem. Zwei seiner Jünger schickte er voraus und sagte zu ihnen: „Geht in das Dorf. Ihr werdet einen jungen Esel finden. Bindet ihn los und bringt ihn zu mir.“ Sie brachten den jungen Esel zu Jesus. Er setzte sich darauf und zog so in Jerusalem ein. Viele Menschen begleiteten ihn. Sie breiteten ihre Kleider aus und legten Zweige auf den Weg. Sie riefen: „Hosanna, gesegnet sei er, der kommt im Namen des Herrn.“

Nach Markus 11,1–9

Jesus feiert mit seinen Jüngern das Abendmahl

In Jerusalem bereiteten die Jünger das Abendmahl vor. Jesus wusste, dass er bald sterben würde. Deshalb feierte er zum Abschied dieses letzte Mahl mit ihnen. Er sagte zu ihnen: „Ich habe mich sehr darauf gefreut, mit euch zu essen und zu trinken. Dieses Mahl soll euch immer an mich erinnern, an das, was ich getan und gesagt habe. Immer, wenn ihr Brot und Wein miteinander teilt und ihr euch an mich erinnert, bin ich bei euch.“

Nach Lukas 22,14–20

- Beschreibe das Bild. Erzähle von dem Mahl, das Jesus mit seinen Jüngern feiert.
- ? Die Jünger erinnern sich: Das haben wir mit Jesus erlebt. Sie fragen: Wie geht es weiter?
- ? Menschen sind von Jesus begeistert. Jesus weiß, dass er bald angeklagt und verurteilt wird. Wie passt das zusammen? Sucht nach Antworten.

… bis zum Kreuz

Jesus wird gefangen genommen und gekreuzigt

*Jesus war mit seinen Jüngern am Ölberg.
Da kam eine Schar von Männern und nahm
ihn gefangen.
Sie führten ihn zum Hohen Priester.
Die Schriftgelehrten klagten ihn an.
Sie sagten: Er hat Gott gelästert
(das heißt: Er hat Gott beleidigt).
Der römische Statthalter Pilatus gab den Befehl,
Jesus zu geißeln und dann zu kreuzigen.
Die Soldaten setzten Jesus eine Dornenkrone auf,
schlugen ihn auf den Kopf und spuckten ihn an.
Dann führten sie ihn zur Kreuzigung.
Jesus musste sein Kreuz tragen.
Die Soldaten schlugen ihn ans Kreuz.
Die Leute, die dabeistanden, verspotteten ihn
und schüttelten den Kopf.
Jesus aber betete: Mein Gott, mein Gott,
warum hast du mich verlassen?
Und mit einem lauten Schrei starb er.*

Nach Markus 14 und 15

Der Text erzählt den Leidensweg von Jesus. Ordne zu: Welche Stationen sind auf den Bildern dargestellt?

Wähle für jedes Bild einen Psalmvers aus. Schreibe ihn auf passende farbige Karten und lege ihn zu den Bildern.

Mein Gott, warum hast du mich verlassen?

Mein Gott, ich rufe dich, du gibst keine Antwort.

Zu dir riefen unsere Väter und sie wurden befreit.

Ich bin von vielen verachtet.

Niemand ist da, der hilft.

Ich bin hingeschüttet wie Wasser.

Gott, halte dich nicht fern! Komm mir zu Hilfe!

Aus Psalm 22

- Legt ein Bodenbild zum Leidensweg.
  Ihr könnt Materialien mitbringen, ein Bild malen oder im Buch finden, einen Psalmvers verwenden.
- Beschreibe die Blicke und die Hände von Jesus, seiner Mutter Maria und dem Jünger.
- Betrachte weitere Kreuzwegstationen, zum Beispiel in einer Kirche oder im Internet.
- Gestalte im Ich-Buch eine Station, zum Beispiel mit Bild, Psalm, Sprechblasen, Fragen.
- Erkundige dich, ob es bei euch eine Kreuzweg-Andacht für Kinder gibt.

Was Jüngerinnen und Jünger nach dem Tod von Jesus erfahren

Drei Frauen gehen zum Grab.
Sie haben kostbare Salben bei sich.
Am Grab sehen sie: Der Stein ist weggewälzt.
Zwei Männer in leuchtenden Gewändern
stehen vor ihnen und sagen:

> *Ihr sucht Jesus.*
> *Er ist nicht hier.*
> *Er ist auferstanden.*
> *Er lebt!*

Da verlassen die Frauen das Grab.
Sie laufen zu den Freunden Jesu
und erzählen ihnen voll Freude:

> *Gott hat Jesus nicht im Stich gelassen.*
> *Er hat ihn auferweckt!*

Nach Lukas 24,1–12

Spielt: Die drei Frauen am Grab. Sie erzählen den Jüngern ihre Erlebnisse.

Beschreibe, wie der Maler die Erfahrung der Frauen zeigt.

Auferstehung erleben

Auf der Suche nach Osterspuren

Heute geschieht,
was an Ostern begann:

Wo einer dem anderen vertraut,
wo einer wieder neu anfängt,
    da kannst du Osterspuren finden.

Wo einer ein fröhliches Lied singt,
wo einer nicht mehr traurig ist,
    da kannst du Osterspuren finden.

Wo einer dem anderen verzeiht,
wo einer die Lüge überwindet,
    da kannst du Osterspuren finden.

Wo einer einen neuen Weg
mit mir geht,
wo einer zu mir hält,
wenn andere mich ablehnen,
    da kannst du Osterspuren finden.

- Lest einander das Gedicht vor.
- Wählt in der Gruppe eine Osterspur aus. Erzählt euch Geschichten dazu.
- ? Wie stellst du dir vor, dass Jesus bei uns ist?
- ? Zählt auf: Auferstehung ist auch, wenn …

T: Alois Albrecht / M: Peter Janssens

Gestaltet ein eigenes Hoffnungskreuz mit „Osterspuren“.

Nachdenken – mitfühlen – handeln

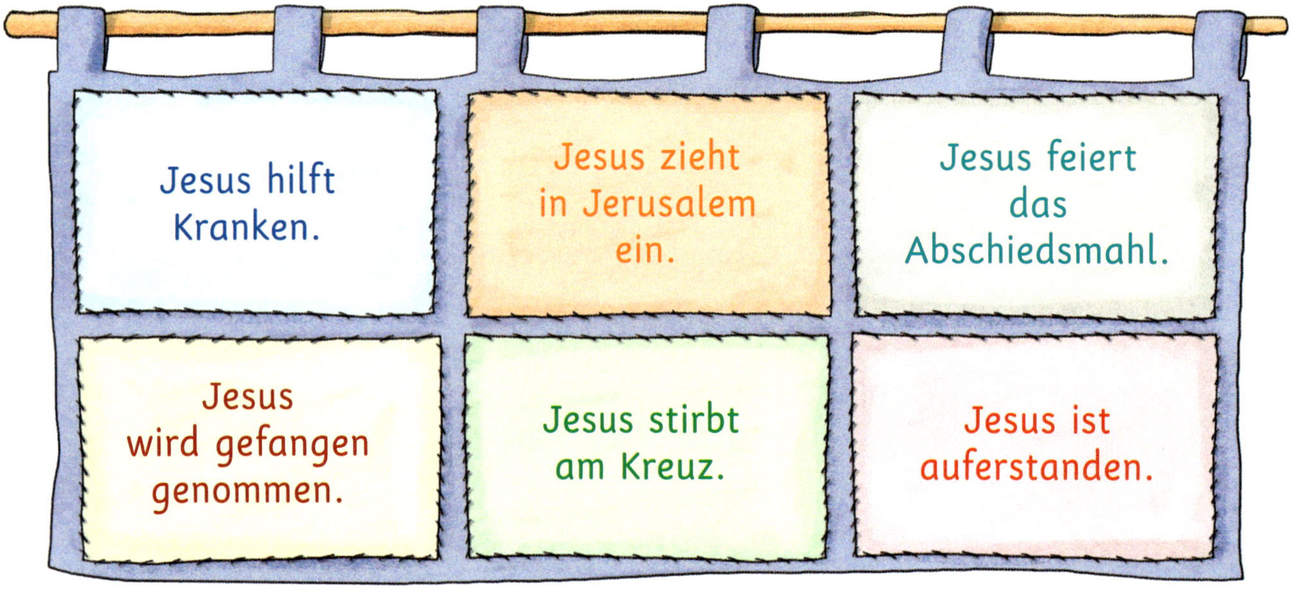

- Wähle eine Geschichte aus dem Leben Jesu, die du kennengelernt hast.
- Erzähle und gestalte ein Bild (Farben, Formen, Personen, Sprechblase, Collage).
- Fügt eure Bilder zu einem Leben-Jesu-Tuch zusammen. Ihr könnt die Stationen auch im Klassenzimmer und in der Schule ausstellen.
- Schau dir noch einmal die Menschen auf Seite 86/87 an. Wähle eine Gruppe aus. Wer freut sich über die Nachricht: Jesus lebt? Wer freut sich nicht?
- Ordne den Bildern in diesem Kapitel die Tage der Karwoche zu: Palmsonntag, Gründonnerstag, Karfreitag, Ostersonntag.

Ich bin gefragt

- Das habe ich verstanden und neu gelernt.
- Das will ich mir aus diesem Kapitel besonders merken.
- Darüber möchte ich weiter nachdenken.

8 Zur Kirche gehören

Warum gehen Menschen zur Kirche?

Wir feiern heut ein Fest

T: Rolf Krenzer / M: Ludger Edelkötter

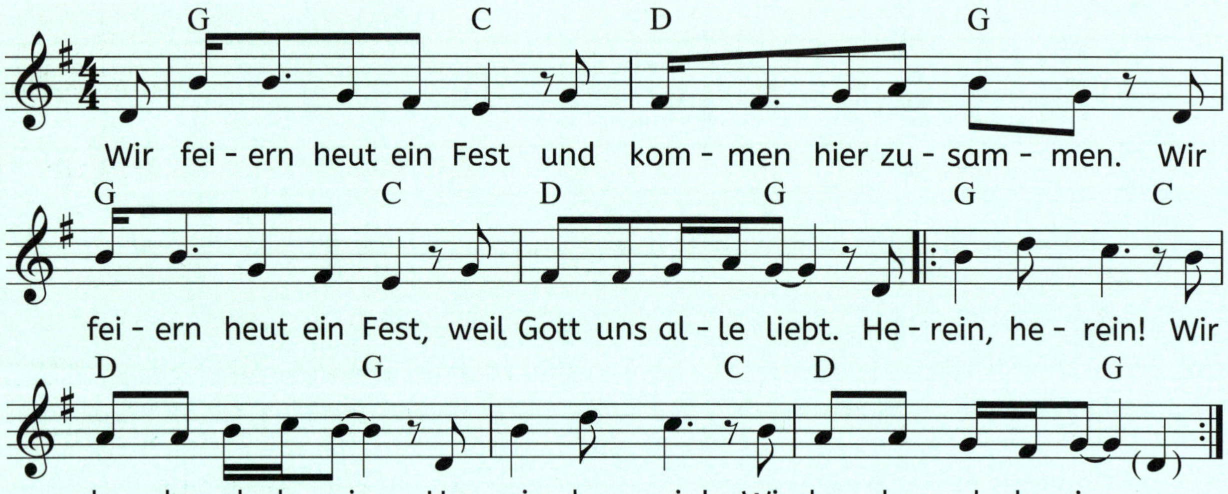

Schreibt die Antworten der Kinder, Frauen und Männer auf große Sprechblasen.
Verteilt sie im Raum.
Stellt euch zu der Antwort, die für euch passt.
Sprecht in der Gruppe darüber.

? Sucht weitere Antworten auf die Fragen von Relix:
Ich gehe nicht zur Kirche, weil ...
Ich gehe zur Kirche, weil ...

Übt im Klassenraum ein, wie ihr euch in einer Kirche verhaltet.

Probiert die Stille aus.

Den Kirchenraum erkunden

Der Altar: Das ist der Tisch, um den sich die Gläubigen zum Gottesdienst versammeln.

Der Tabernakel: Das ist der Ort für die Aufbewahrung des geheiligten Brotes.

Das Ewige Licht: Es brennt in der Nähe des Tabernakels. Es zeigt: Jesus ist für uns da.

Das Kreuz: Es ist das Zeichen für Tod und Auferstehung von Jesus Christus.

Die Osterkerze: Sie ist das Zeichen für die Auferstehung von Jesus. Sie wird in der Osternacht geweiht und beim Gottesdienst angezündet.

Die Kirchenbänke: Hier knien, stehen oder sitzen Kinder, Frauen und Männer, wenn sie Gottesdienst feiern.

Die Orgel: Sie ist das Musikinstrument, das die Gemeinde beim Singen begleitet.

Der Ambo: Das ist ein Lesepult. Hier wird aus der Bibel vorgelesen.

Das Taufbecken: Im Taufbecken ist geweihtes Wasser. Hier werden Kinder und auch Erwachsene getauft. Sie gehören damit zur Kirche, zur Gemeinschaft der Christen.

Das Weihwasser: Durch das Kreuzzeichen mit dem geweihten Wasser erinnern sich die katholischen Christen an ihre Taufe.

Die Heiligenfigur: Sie zeigt einen Menschen, der Jesus nachfolgte. Manchmal ist die Kirche nach ihm benannt.

- Ihr wollt eine Kirche erkunden. Besprecht, was ihr dazu braucht.
- Du betrittst eine Kirche. Zähle auf, was du entdeckst.
- Was fehlt auf dem Bild, was du in deiner Kirche noch entdeckst?
- Suche dir einen Gegenstand in der Kirche aus. Male ihn auf ein Kärtchen. Schreibe auf der Rückseite die Erklärung dazu. Informiert euch gegenseitig über die Gegenstände, die ihr gemalt habt.
- Beendet euren Kirchenbesuch mit einem Gebet und einem Lied.

In der Kirche Gottesdienst feiern

Liedruf, mündlich überliefert

Die Kinder feiern in einer Kirche. Erzähle: Woran kannst du das erkennen?

Nehmt die Haltung der Kinder ein. Was könnten sie singen oder beten?

Lest die Kinderseite des Pfarrbriefes.
Was interessiert dich am meisten? Erzählt einander, was ihr gewählt habt.

Ihr seid Baumeister für eine Kinderkirche. Was gehört alles dazu, damit Kinder gerne hingehen? Gestaltet ein Bodenbild mit eurer Kinderkirche. Malt oder sucht Gegenstände dazu.

In die Kirche aufgenommen werden

Wir bitten für Julia um die Taufe.

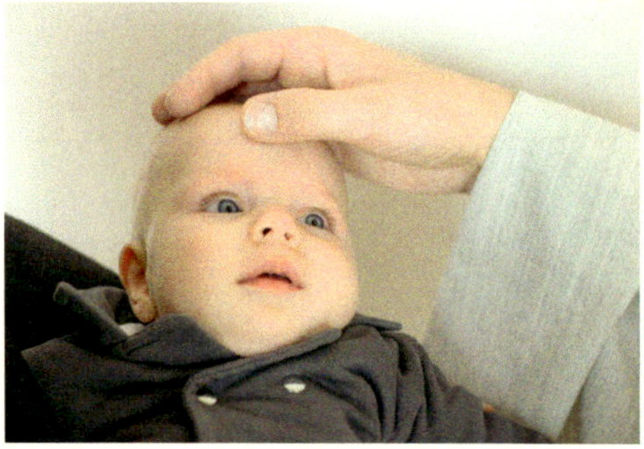

Der Priester bezeichnet Julia mit dem Kreuzzeichen.

„Ich taufe dich im Namen des Vaters und des Sohnes und des Heiligen Geistes."

Julia erzählt:

Gestern ist Luis, das Baby unserer Nachbarn, im Gottesdienst getauft worden. Ich durfte Luis ein Kreuz auf die Stirn zeichnen. Die ganze Gemeinde hat Luis als neues Gemeindemitglied begrüßt und für Luis gebetet.

Nach dem Gottesdienst haben wir zu Hause bei den Eltern von Luis gefeiert. Wir Kinder haben die Wünsche für Luis gemalt und sie auf ein Plakat geklebt.

Am Abend habe ich mein eigenes Tauf-Album hervorgeholt. Jetzt kann ich die Fotos viel besser verstehen!

Julia wird mit Chrisam gesalbt, duftendem Öl.

Julia bekommt das weiße Kleid und die Taufkerze.

Das Gebet der Patin

Lieber Gott, segne Julia.

Lass sie mit ihren Augen
die Schönheit der Welt entdecken,

mit ihren Ohren
die vielen Töne und
die Worte lieber Menschen hören,

mit ihren Füßen
die richtigen Wege gehen.

- Julia dichtet weiter: „Mit ihrem Mund ...; mit ihren Händen ...; mit ihrem Verstand ...“
- Bringt eure Taufkerze und Fotos von eurer Taufe mit. Stellt euch eure Fotos vor.
- Erzählt mithilfe der Fotos den Ablauf der Taufe nach.
- Wasser ist lebensnotwendig. Sucht Gründe dafür.
- Ihr könnt einander mit Öl salben. Sprecht dabei: „Du bist wertvoll!“ Oder: „Gott liebt dich!“
- ? Fragt bei der evangelischen Religionsgruppe nach: Was könnt ihr von eurer Taufe erzählen?

Nachdenken – mitfühlen – handeln

Suche in der Kirche einen Gegenstand aus, der besonders wichtig ist. Begründe deine Wahl.

Eine Kirche erzählt: Das habe ich schon alles erlebt …

? In der Gemeinde arbeiten viele Menschen. Schreibe drei Personen auf und erkundige dich, was sie tun.

Die Taufe ist der Beginn eines Weges mit Jesus. Schreibe wichtige Ereignisse, die du erlebt hast, auf Kärtchen. Legt sie auf einen Spiralweg. Gestaltet die Mitte.

Bei der Taufe fragt der Priester die Eltern nach dem Namen des Kindes. Sie wünschen, dass die oder der Heilige mit diesem Namen ihr Kind begleitet. Erkundige dich nach deinem Namenspatron.

Ich bin gefragt

- Das habe ich verstanden und neu gelernt.
- Das will ich mir aus diesem Kapitel besonders merken.
- Darüber möchte ich weiter nachdenken.

9 Ein Jahr mit der Kirche

Sich erinnern und feiern

Bringt „Erinnerungsstücke“ mit oder malt sie.
Macht damit eine Ausstellung:
Lasst die Stücke erzählen.

Einige der Bilder erinnern dich an Geschichten von Jesus. Finde die Stellen im Religionsbuch.

Male noch ein Bild dazu. Legt eure Bilder zusammen und erzählt.

Das möchte ich auf keinen Fall vergessen! Schreibe oder male dazu im Ich-Buch.

? Besprich mit deinem Nachbarn, deiner Nachbarin: Was wäre, wenn wir uns an nichts mehr erinnern könnten?

Wir feiern Advent

Warten

Die Familie Moser fährt in den Urlaub.
Fünf Stunden dauert die Fahrt schon.
Maren jammert:
Wann sind wir endlich da?

Tim war beim Schwimmen. Lisa, seine große Schwester, soll ihn abholen. Tim steht schon vor der Schwimmhalle und wartet.

Bald hat Anna Geburtstag.
Sie kann es kaum erwarten.

Paul telefoniert. Paul fragt:
Wann ist Mama wieder gesund?

- Spielt eine Wartegeschichte. Wie empfindest du das Warten?
- Im Advent bereiten wir uns auf Weihnachten vor. Sammelt Ideen, wie ihr die Zeit in der Klasse gestalten könnt.
- Schaut im Lexikon nach oder fragt nach, was das Wort „Advent" bedeutet.

Das Licht einer Kerze

T: Rolf Krenzer / M: Peter Janssens

Wir feiern an Weihnachten die Geburt Jesu

- Entdecke auf dem Bild mit deinem Nachbarn, deiner Nachbarin: Was gehört alles zu Weihnachten?
- ? Diskutiert: Was ist besonders wichtig?
- Male: Wie feiert ihr Weihnachten zu Hause?
- ? Warum beschenken wir uns an Weihnachten? Gebt Relix eine Antwort.

Lest noch einmal die Erzählung von Jesu Geburt auf Seite 80.

Die Sterndeuter suchen Jesus

Die Sterndeuter kommen von weither. Sie suchen Jesus.
Sie haben seinen Stern gesehen und sind ihm gefolgt.
In Betlehem finden sie das Kind und seine Mutter.
Ihre Freude ist groß.
Sie fallen vor dem Kind nieder und beten es an.
Sie bringen ihm Geschenke:
Gold, Weihrauch und Myrrhe.

Nach Matthäus 2,1–12

Gold ist wertvoll.

Weihrauch steigt zum Himmel.

Myrrhe heilt.

T/M: Hermann Melles

Besprecht: Warum bringen die Sterndeuter diese Geschenke mit?

Die Sternsinger gehen von Haus zu Haus. Sie wünschen „Christus segne dieses Haus!“ Schreibt Segenswünsche für eure Schule, euer Klassenzimmer.

SEGEN BRINGEN SEGEN SEIN

? Die Sternsinger wollen Not leidenden Kindern helfen. Erkundigt euch, wem sie in diesem Jahr helfen.

Ostern in der Kirche

Mein großer Bruder war bei der Feier der Osternacht dabei und erzählt:
Früh am Morgen, als alles noch dunkel ist, wird auf einem Platz vor der Kirche ein Feuer angezündet.
Viele Menschen stehen um das Feuer.
Der Priester entzündet eine große Osterkerze an dem Feuer.
Mit der brennenden Kerze zieht er in die dunkle Kirche ein.
Dabei singt er dreimal:
„Christus, das Licht."
Alle antworten:
„Dank sei Gott."
Zuerst zünden die Ministranten ihre Kerzen an der Osterkerze an. Sie geben das Licht von Bank zu Bank weiter.
So wird die Kirche immer mehr vom Schein der Kerzen erhellt.
Der Höhepunkt der Feier ist die Verkündigung:
„Jesus ist auferstanden!"

T/M: überliefert

Voll Freude singen Christen:

Vom Dunkel
zum Licht.
Von der Trauer
zur Freude.
Vom Tod
zum Leben.

- Lasst euch von der Feier der Osternacht erzählen.
- Sucht zum Wort „Licht“ Wörter, die dazu passen.

Verdunkelt das Klassenzimmer. Jede und jeder bekommt eine Kerze. Werdet ganz still. Zuerst wird nur eine Kerze angezündet, nach und nach alle Kerzen. Beobachtet, wie sich euer Klassenzimmer verändert.

Ostern zu Hause

Ein Osterlied

T: Rolf Krenzer / M: Paul G. Walter

Plant in eurer Religionsgruppe ein Osterfrühstück.
Überlegt, was ihr dazu braucht.
Verteilt die Aufgaben. Ihr könnt auch die evangelische Gruppe einladen.

In der Messe am Sonntag wird die Osterkerze entzündet.
Lest auf Seite 116 nach, weshalb die Osterkerze wichtig ist.

Gestaltet eine Osterkerze. Welche Symbole wollt ihr nehmen?

Ostern in der Schule

Nach den Osterferien geht die Religionsgruppe in die Kirche. Alle sehen sich die neue Osterkerze genau an. Gemeinsam überlegen sie, was die einzelnen Zeichen bedeuten.

Im Religionsunterricht sprechen die Kinder über die Auferstehung von Jesus. Dabei stellen sie viele Fragen:

Rafki: „War Jesus eigentlich wirklich tot?“

Lara: „Jesus ist auferstanden. Wo ist er jetzt?“

Elias: „Meine Oma ist gestorben. Wird sie auch auferstehen?“

Florian: „Ich frag mich, was dann sein wird, wenn man stirbt.“

Klara: „Also, meine Mama sagt, an Ostern feiern wir, dass Gott stärker ist als der Tod.“

- Suche dir eine Frage aus. Bildet Gruppen und versucht Antworten zu finden.
- ? Klara denkt über die Antwort ihrer Mama nach. Was hat ihre Mama wohl damit gemeint?
- ? Katinkas Opa ist gestorben. Im Trauergottesdienst wird die Osterkerze angezündet. Katinka gehen viele Gedanken durch den Kopf ...

Nachdenken – mitfühlen – handeln

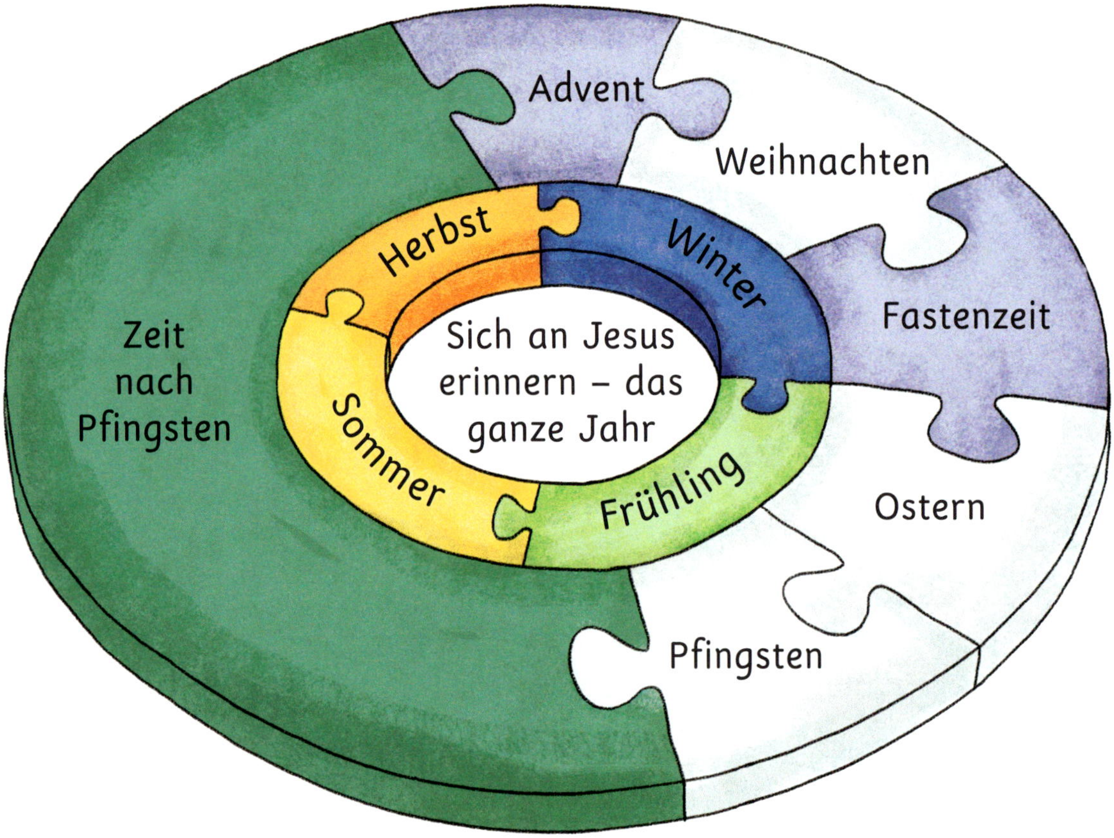

- Vor Weihnachten und Ostern gibt es Zeiten der Vorbereitung. Sammelt Vorschläge, wie ihr diese Zeit gestalten könnt.
- Lies in der Schulbibel die Erzählung, was an Pfingsten geschah.
- ? Suche auf dem Bild auf Seite 107 Farben und Formen, die zu Pfingsten passen.
- Erntedank, Aschermittwoch, Elisabeth, Martin, Nikolaus – schreibt diese Feste auf Kärtchen und legt sie an die richtige Stelle im Kirchenjahr.

Ich bin gefragt

- Das habe ich verstanden und neu gelernt.
- Das will ich mir aus diesem Kapitel besonders merken.
- Darüber möchte ich weiter nachdenken.

10 Verschieden sein – gleich sein

Özlem lädt zum Zuckerfest ein

Anna beeilt sich heute sehr auf dem Heimweg von der Schule. Ihre Freundin Özlem ist heute nicht dabei. Sie feiert mit ihrer Familie ein wichtiges Fest ihrer Religion.
Anna darf sie am Nachmittag besuchen. Sie liest noch einmal die Einladungskarte von Özlem: „Wir feiern *Seker Bayram*, das Zuckerfest. Ich freue mich, wenn du kommst!“
An der Haustüre der Familie Bagci stellt Anna ihre Schuhe zu den vielen anderen Paaren.
Frau Bagci begrüßt sie: „*Merhaba*“, das heißt „Hallo“.
Die Kinder der Familie, Özlem, Kamil und Cerkan, stürmen auf Anna zu. Für alle drei hat Anna Süßigkeiten als Geschenke mitgebracht.
Im Wohnzimmer ist der Tisch reichlich gedeckt.
Özlem rät ihr: „Probiere mal *Pohca,* das sind gefüllte Teigtaschen. Ich mag am liebsten die mit Hackfleisch.“ Anna nimmt auch von der *Baklava,* eine leckere Nachspeise mit Sirup. Den ganzen Nachmittag dürfen die Kinder so viele Süßigkeiten essen, wie sie wollen.
Anna schwärmt: „Das ist ein tolles Fest.“
„Ja“, lacht Frau Bagci, „nach dem langen Fastenmonat Ramadan lassen wir es uns richtig gut gehen. Schön, dass du mit uns feierst, Anna.“
Kamil, der ältere der Geschwister, erzählt: „Ich war mit Vater heute in der Moschee. Das ist unser Gebetshaus. Ich durfte den neuen Anzug anziehen, den Opa mir geschenkt hat.“
Cerkan, der jüngste, zeigt Anna seinen neuen Wecker. „Das ist das Modell einer Moschee in der Türkei“, strahlt der Kleine.
Zum Abschied küsst Özlem Anna die Hand und legt sie an ihre Stirn. „Das ist ein Zeichen, dass man sich lieb hat“, sagt sie.

- Lest die Geschichte mit verteilten Rollen. Erklärt die türkischen und arabischen Begriffe.
- Erzähle: Wo kannst du auf den Bildern Hinweise auf das Leben in einer türkischen Familie finden?
- ? Ladet die Kinder der Ethik-Gruppe ein. Erkundigt euch: Welche Feste feiern sie?
- Sammelt Bilder von religiösen Bräuchen in anderen Ländern. Vergleicht sie miteinander. Was ist dir fremd? Was kennst du schon?

Wie Kinder beten

Im Namen
des barmherzigen
und gnädigen
Gottes!
Lob sei Gott,
dem Herrn der Welt.

Fatima

Gelobt seist du,
Ewiger,
unser Gott,
König der Welt.

Ben

Vater unser
im Himmel,
geheiligt werde
dein Name.

Katharina

Ich bete nicht.
Meine Eltern
glauben nicht an Gott
und haben mir
auch nicht gezeigt,
wie man betet.
Interessant finde ich
Religion schon.
Manchmal
frage ich mich,
ob es Gott gibt.

Lars

Ordne zu: Welches Gebet könnte zu welchem Foto passen?

Vergleiche dazu Gebetshaltungen zum Vaterunser, zum Beispiel Seite 48.

Beschreibe, wie die Kinder anderer Religionen beten.

- Probiere eine Gebetshaltung aus. Bleibe eine Weile in dieser Haltung. Gehe langsam aus der Haltung heraus und spüre nach: Was drückt sie aus?

- Sammelt Informationen über jüdische und muslimische Feste. Plant, wie ihr vorgehen wollt (Expertenbefragung, Sachbücher in der Bibliothek, Internet).

Nachdenken – mitfühlen – handeln

- Die Fotos zeigen eine Kirche, eine Synagoge und eine Moschee. Ordne zu: Welches Gebäude benutzen Juden – Christen – Muslime?
- Finde diese Gebäude im Bild auf Seite 121 wieder.
- Fragt nach: Gibt es in eurer Schule Kinder, die zu einer anderen Religion gehören und euch mehr über ihren Glauben erzählen können? Ladet sie in den Religionsunterricht ein.
- Bildet Vierer-Gruppen am Tisch. Notiert auf einem Blatt, was euch unterscheidet. Notiert auf einem anderen Blatt, was ihr gemeinsam habt.

Du bist anders als ich.
Ich bin anders als du.
Gehen wir aufeinander zu,
schauen uns an,
erzählen uns dann:

Worüber du weinst.
Worüber du lachst.
Welche Wünsche du hast.
Was mich traurig stimmt.
Was mir Freude bringt.
Was ich glaub.

Und plötzlich erkennen wir,
dass wir innen uns
äußerst ähnlich sind.

Nach Karlhans Frank

Lies das Gedicht.
Erkläre, warum die Kinder sich ähnlich sind.

Lege in deinem Heft eine Doppelseite an: Sammle Informationen und Bilder, aber auch deine Fragen zu anderen Religionen.

Ich bin gefragt

- Das habe ich verstanden und neu gelernt.
- Das will ich mir aus diesem Kapitel besonders merken.
- Darüber möchte ich weiter nachdenken.

Ich-Buch

Schreibe, male, klebe, sammle alles, was für dich wichtig ist.

Ideen, die dir helfen können:

- Mein Name. Das bin ich.
  Was ich mag, was mich freut,
  wovor ich Angst habe.
- Ich bin traurig, wenn ...
- Wenn ich groß bin ...
- Meine Lieblingsmusik;
  ich spiele ein Instrument.
  Mein Lieblingsfach in der
  Schule.

- Das ist meine Familie.
  So wohnen wir; mein Zimmer.
- Zuhause ist es schön, wenn ...
- Manchmal streiten wir uns.
- Wir feiern Weihnachten.
- Wir fahren in die Ferien.
- Oma, Opa kommen zu Besuch.

- Das gefällt mir an meinem Freund / an meiner Freundin.
- Wir unternehmen viel zusammen, wir spielen ... Wir hören Musik.
- Ich habe mich mit meinem Freund / mit meiner Freundin gestritten.

- Eine Geschichte aus der Bibel, die mir gefällt.
- Ein Bild aus dem Religionsbuch, das ich gerne anschaue.
- Ein Satz, den ich mir merken will.
- Wenn ich traurig bin, bete ich. Wenn ich etwas Schönes erlebt habe, bete ich.
- Meine Fragen, die ich Gott stellen möchte.

Noch mehr Ideen für dein Ich-Buch?

Das ist ein Buch nur für dich. Du kannst es deiner Lehrerin / deinem Lehrer oder deinen Eltern zeigen, wenn du willst. Lege in einen Umschlag, was niemand sehen soll!

Methoden-Seiten: erzählen, malen …

Ein Thema beginnen

- Schreibt in die Mitte ein wichtiges Wort.
- Findet weitere Wörter, die dazu passen.
- Verbindet sie mit dem wichtigen Wort in der Mitte oder auch miteinander.

In der Gruppe arbeiten

- Lest die Aufgabe genau durch.
- Besprecht sie. Klärt eure Fragen.
- Verteilt die Aufgaben.
- Bestimmt, wer die Ergebnisse vorträgt.
- Hört einander aufmerksam zu.
- Alle dürfen ihre Meinung sagen. Keine/keiner wird ausgelacht.

Mit Bildern arbeiten

- Ich sehe …
- Ich fühle …
- Ich frage …
- Findet zum Bild eine Überschrift.
- Befragt eine Person auf dem Bild.
- Stellt eine oder mehrere Personen auf dem Bild nach.

Mit Liedern arbeiten

- Singt das Lied, laut und leise, summt es ...
- Klatscht den Takt.
- Singt abwechselnd einzeln, in Gruppen oder alle gemeinsam.
- Findet Bewegungen oder einen Tanz zum Lied.

Mit Geschichten arbeiten

- Erzähle die Geschichte nach.
- Male ein Bild zu der Geschichte.
- Zeichnet eine Bilder-Reihe.
- Lasst eine Person aus der Geschichte erzählen.
- Begleitet die Geschichte mit Orff-Instrumenten.

Ein Thema abschließen

- Das habe ich gelernt, das will ich mir merken.
- Dazu möchte ich noch mehr wissen.
- Wir gestalten eine Ausstellung.
- Das schreibe ich in mein Ich-Buch.

Quellenverzeichnis

3 Gerrit van Honthorst (1592–1656), Die Anbetung der Hirten, 1622, Wallraff Richartz Museum, Köln
6 Swetlana Wall – Fotolia; Ludwig Rendle, Oberroth; some.oner – Fotolia; womue – Fotolia; ankiro – Fotolia
8 sergey02 – Fotolia; Michael Ende, Momo, Thienemann-Esslinger Verlag GmbH, 1973
9 T: Wolfgang Longardt, M: Andreas Hantke © T: Verlag Ernst Kaufmann, Lahr/M: Claudius Verlag, München
13 Carola Vahldiek – Fotolia
17 traditioneller Kinderreim
20 T/M: Kathi Stimmer-Salzeder 2005 © MUSIK und WORT, D-84544 Aschau a. Inn
21 Elisabeth verteilt am Hofe bei einer Hungersnot Vorräte an die Armen, Elisabeth-Zyklus, um 1420, Heiligen-Geist-Hospital, Lübeck, Foto: Gerhardt Jost, Kassel 2006
23 Gabriele Münter (1877–1962), Landschaft, 1955, 43 × 53,4 cm, Gouache/Aquarell auf Papier © Christie's Images Ltd – ARTOTHEK, VG Bild-Kunst, Bonn 2014
26/27 Bernd Hennig, Birkenfeld
28 T: Rolf Krenzer/M: Detlev Jöker © Menschenkinder Verlag GmbH, Münster
29 patrick – Fotolia; Brian Jackson – Fotolia; S. Engels – Fotolia dedi – Fotolia; Omika – Fotolia; aquapix – Fotolia; alexsvirid – Fotolia; fotoliaxrender – Fotolia; Andres Rodriguez – Fotolia; EpicStockMedia – Fotolia; Nico Schmidt – Fotofinder; DeVIce – Fotolia; Sebastian Kaulitzki – Fotolia
30 NJ – Fotolia
35 Verheißung an Abraham. Miniatur aus der „Wiener Genesis", um 570 in Antiochien entstanden. Wien, Österreichische Nationalbibliothek, Cod. theol. graec. 31, pag. 8
37 Sarah Steingruber, München – in: Lothar Kuld, Das Entscheidende ist unsichtbar. Wie Kinder und Jugendliche Religion verstehen, Kösel-Verlag in der Verlagsgruppe Random House GmbH, München 2001, S. 52
38 H. Pabel, Frasdorf/Kösel-Archiv
39 T: Diethard Zils nach dem Lied: „Abraham, Abraham, verlat je land" von Hanna Lam © Gustav Bosse Verlag, Kassel (Dt. T)/ M: Wim ter Burg 1968 © Verlag G. F. Gallenbach Nijkerk, Holland
43 T: Rolf Krenzer © Dagmar Krenzer-Domina (RN Rolf Krenzer)/M: Ludger Edelkötter © KiMu Kinder Musik Verlag GmbH, 50259 Pulheim
45 Pablo Picasso (1881–1973), Die Sardana des Friedens (typischer Kreistanz in Katalonien), 1959 © ullstein bild IBERFOTO; VG Bild-Kunst, Bonn 2014
46 M: Paul Ernst Ruppel/T: Psalm 113 © Möseler Verlag, Wolfenbüttel
49 Foto: Helge Burggrabe, Fischerhude
50 adpic D. Cervo; jörn buchheim – Fotolia; Ocskay Bence – Fotolia; Kinderfilm GmbH Anke Neugebauer
51 T/M: Franz Kett © Religionspädagogische Arbeitshilfen GmbH, Landshut
52 Reiner Kunze, Wohin der Schlaf sich schlafen legt, © S. Fischer Verlag, Frankfurt am Main 1994
53 Schwaben Verlag – Stiftung Kunst und Bibel, Ellwangen © Sieger Köder, Labyrinth
56 Rolf Krenzer, 3. Strophe des Liedes „Ein bunter Regenbogen ist übers Land gezogen", © Dagmar Krenzer-Domina (RN Rolf Krenzer)
57 Marc Chagall (1887–1985), Noach entsendet die Taube, 1931, 63,5 × 47,5 cm, Öl und Gouache © VG Bild-Kunst, Bonn 2014
58 T/M: Robert Haas, Kempten/Kösel-Verlag, München 2001, siehe auch S. 60, 62, 64 und 65
59 Ernst Alt (1935–2013), Der träumende Josef im bunten Gewand, o. J.
61 Ernst Alt (1935–2013), Josef in der Zisterne, 1982
62 „Sieben schöne, fette Kühe" aus: Ruth und Otto Wullschleger, Die Josephsgeschichte, Freiburg/Lahr (Christophorus/Kaufmann) 1972, S. 62
63 Ernst Alt (1935–2013), Josef als Verwalter von Ägypten, 1991
68 T: Norbert Weidinger/M: Ludger Edelkötter © KiMu Kinder Musikverlag GmbH, 50259 Pulheim
69 in: Die Bibel für den Unterricht, ausgewählt und erläutert von Josef Quadflieg, Bilder von Rita Frind © 2013 Oldenbourg Schulbuchverlag GmbH, München
71 Monkey Business – Fotolia; ddp images; KNA BILD; micromonkey – Fotolia
72 T/M: Franz Kett © Religionspädagogische Arbeitshilfen GmbH, Landshut
76 T: Rolf Krenzer © Dagmar Krenzer-Domina (RN Rolf Krenzer)/M: Martin Göth © Musikverlag Göth, Oldenbourg
77 T/M: Detlev Jöker © Menschenkinder-Verlag GmbH, Münster
78 Duccio di Buoninsegna (1255–1319), Verkündigung, Altarretabel des Sieneser Doms, Vorderseite, Predella der Maestà mit Szenen aus der Kindheit Jesu und Propheten, 1308–11, National Gallery, London
81 Gerrit van Honthorst (1592–1656), Die Anbetung der Hirten, 1622, Wallraff Richartz Museum, Köln; Lied: T: Friedrich Spee 1637/M: Paris 1599, Köln 1637
83 Duccio di Buoninsegna (1255–1319), Jesus vor Pilatus, Rückseite der Maestà im Dom zu Siena, 1308–11
84 Die Heilung der verdorrten Hand, Hitda-Codex, um 1000–1020. Hessische Landes- und Hochschulbibliothek Darmstadt, Hs 1640, fol. 114r
89 Duccio di Buoninsegna (ca. 1255–1319), Abendmahl, 1308–11, Siena, Museo dell' Opera del Duomo
90/91 Gerd von Stokar, St. Simpert, Kath. Pfarramt Augsburg, 1986
93 Eberhard Münch, Mischtechnik © 2012 by adeo in der Gerth Medien GmbH, Asslar, Verlagsgruppe Random House GmbH, München, www.adeo-verlag.de
94 Inspiriert von dem Liedtext „Da kannst du Osterspuren finden" von Reinhard Bäcker (1940–2003)
95 Foto: Anita Hofbauer, Rotthalmünster; T: Alois Albrecht/M: Peter Janssens, in: Ihr seid meine Lieder, 1974, alle Rechte im Peter Janssens Musik Verlag, Telgte-Westfalen
97 Friedensreich Hundertwasser (1928–2000), (899) Bärnbacher Andacht, 1987, 46 × 40 cm, mehrfarbige Radierung © 2015 Namida AG, Glarus, Schweiz
98 T: Rolf Krenzer © Dagmar Krenzer-Domina (RN Rolf Krenzer)/M: Ludger Edelkötter © KiMu Kinder Musik Verlag GmbH, 50259 Pulheim
102 Foto: © Christian Klenk, Eichstätt – Lied: mündlich überliefert
104/105 Manfred Koch, Bischberg
107 Robert Delaunay (1885–1941), Formes circulaires, Soleil No. 1 (Kreisformen, Sonne Nr. 1), 1912/13, Wilhelm-Hack-Museum Ludwigshafen am Rhein, Inv. Nr. 458/7
111 T: Rolf Krenzer/M: Peter Janssens © Peter Janssens Musikverlag, Telgte-Westfalen
114 T/M: Hermann Melles, © Fidula Verlag, Boppard/Rhein
115 Kindermissionswerk/Die Sternsinger. Bund der deutschen katholischen Jugend
116 T/M: überliefert; veröffentlicht im RPA-Verlag, Religionspädagogische Arbeitshilfen GmbH, Landshut
117 Foto: G. Winkler, Bad Endorf
118 A_Lein – Fotolia; Fotofinder / Peter Muller / Cultura RF / Avenue Images; T: Rolf Krenzer © Dagmar Krenzer-Domina (RN Rolf Krenzer)/M: Paul Gerhard Walter © beim Urheber
119 Stefan Gräf – Fotolia
121 © Annette Bartusch-Goger, Religion weltweit – mit Verständnis und Toleranz, 2014, 30 × 40 cm, Aquarell mit Tusche
125 © Christian Klenk, Eichstätt; © David H. Wells/Corbis; Harald Opitz © KNA-Bild
126 akg-images – albedo/VISUM
127 frei nach Karlhans Frank, Du und ich, in: Bausteine 4, Diesterweg Verlag, Braunschweig 2008